La médiation familiale

CATHERINE SELLENET
DIDIER DAVID
CLAUDINE THOMÈRE

NAÎTRE
GRANDIR
DEVENIR

La médiation familiale

La régulation des litiges familiaux

8, rue Férou - 75278 Paris cedex 06
www.editions-belin.com
BELIN

NAÎTRE, GRANDIR, DEVENIR
Collection dirigée par Agnès Grison et Danielle Rapoport

Dans la même collection :

Jean-Vital de MONLÉON, *Naître là-bas, grandir ici. L'adoption internationale*

Danielle RAPOPORT, Anne ROUBERGUE-SCHLUMBERGER
Blanche-Neige, les sept nains et... autres maltraitances.
La croissance empêchée

Jean-Paul DOMMERGUES, Guy LEVERGER et Danielle RAPOPORT
Droit de savoir, savoir dire. L'enfant malade

Catherine SELLENET, *L'enfance en danger. « Ils n'ont rien vu » ?*

Danielle RAPOPORT, *La bien-traitance envers l'enfant. Des racines et des ailes*

Évelyne BOUTEYRE, *La résilience scolaire. De la maternelle à l'université*

Les Cahiers

Cahier n° 1. Olivier FRESCO, *Entendre la douleur du nouveau-né. Aux confins de l'oubli*

Cahier n° 2. Claude Suzanne, DIDIERJEAN-JOUVEAU, James MCKENNA, Jacky ISRAËL, *Comment dorment les bébés. Pour ou contre le sommeil partagé*

Cahier n° 3. Hélène SALLEZ, Bernard THIS, *Tous jaloux ? Lorsqu'un autre enfant paraît*

Hors collection : *Si on rêvait*

Photographie de couverture : © GraphicObsession/Patrick Sheandell O'Carroll.

 ISSN 1760-3390 ISBN 978-2-7011-4580-8

Sommaire

Introduction

« L'homme est un loup pour l'homme ». Cette sentence connue de Thomas Hobbes sous-entend une certaine anthropologie qui se veut réaliste et sans illusion. L'homme, contrairement à ce que pensait Jean Jacques Rousseau n'est pas naturellement bon, il n'est sans doute pas naturellement mauvais non plus, mais, selon Hobbes, seul le contrat social peut réguler son envie de gagner, de vaincre, de mettre à mal son prochain, par la ruse ou par la force. « Tu aimeras ton prochain comme toi-même », disait la Bible, mais notre époque par la voix du philosophe André Comte Sponville lui répond que « l'amour ne se commande pas et ne saurait par conséquent être un devoir ». La statistique donne raison au philosophe avec son cortège de divorces et de séparations toujours plus nombreux. Le nombre des divorces a quadruplé depuis 1960. En 1965, la probabilité de divorcer était de 10 %, de 20 % en 1980, de 30 % en 1990 et de 40 % depuis 1995, chiffre qui se stabilise. La probabilité est de 50 % à Paris. La vie à deux n'est pas un long fleuve tranquille. Comme les profils de Janus, amour et haine ne peuvent se séparer et vouloir l'ignorer rend le réveil plus brutal, lorsque le temps du désamour et « du démariage » (Théry, 2001) entre en scène.

Nous aimons à situer ce livre sur la médiation, sous le signe de Janus, et ce pour quatre raisons : Janus est un dieu aux deux visages, qui préside à tout ce qui est à double tranchant sur terre comme le sont l'amour et la haine ; il est à la fois tourné vers le passé et le futur ; enfin ses deux yeux supplémentaires lui permirent d'attraper la nymphe Carna, qui aimait tourmenter ses amants en leur faisant des avances pour ensuite s'enfuir brusquement. Janus, sensible aux affres de l'amour, nous séduit pour accompagner nos pas. De plus, ce que les Anciens nous ont rapporté du caractère de Janus fait reconnaître en lui un dieu qui présidait à la génération des choses, aux semences, aux naissances : de là son surnom de Consivius (le semeur), dérivé du latin *conserere* (semer, mais aussi joindre, mettre aux prises, s'entretenir). C'est en sa qualité de dieu présidant à l'origine des choses qu'il était invoqué comme le protecteur de tout commencement. Ce dieu romain, représenté avec deux visages regardant dans des directions opposées, fut le protecteur des portes, des entrées et des passages. Or, dans la médiation familiale, il sera aussi question de deux avis tranchés qui ne peuvent dans un premier temps se concilier, de deux regards qui ne peuvent plus converger ; il sera question de passé et de futur, de tourments, d'amour et de haine, de passages à trouver pour ouvrir de nouvelles portes.

Ce livre écrit à trois voix, sur la médiation familiale, offre un voyage entre terrain et théories. Didier David et Claudine Thomère sont des praticiens de la médiation familiale, inscrits au sein de la Sauvegarde 44. Pour la seule année 2005, ils ont entendu pour le centre nantais de médiation 165 familles (266 enfants) orientées en médiation par des réseaux de plus en plus diversifiés et sensibles à l'éclatement des familles[1]. Certaines situations présentées dans ce livre proviennent également de la Sauvegarde 85 où Didier David intervient. Catherine Sellenet est professeur d'université en sciences de l'éducation, spécialisée dans le champ de la famille et des interventions sur la famille. Tous trois ont une même envie, celle d'objectiver des savoirs invisibles (familiaux et professionnels), qui s'exercent dans le cadre de la confidentialité des consultations, qui elles-mêmes s'inscrivent dans une institution de protection de l'enfance. La famille en crise ne permet pas seulement une lecture des conflictualités, ce qui est déjà passionnant, mais elle s'offre, plus largement, comme terrain de compréhension de cet univers clos, qui généralement échappe au regard extérieur. Comment fonctionne une famille, que s'y joue-t-il ? Quels modes de régulation trouvent les individus pour vivre *libres ensemble* (de Singly, 2000) ? Pourquoi les modes de régulation échouent-ils parfois ? Pourquoi certaines stratégies adaptatives deviennent-elles pathologiques ? Comment les professionnels d'une institution de protection de l'enfance pensent-ils la médiation familiale ? Comment cette nouvelle pratique s'inscrit-elle dans leur parcours imprégné de concepts multiples allant de la substitution à la suppléance, puis à la question de l'accompagnement à la parentalité ? Par quels désirs sont-ils animés ? Sont-ils des professionnels mutants, soucieux d'intervenir au plus près de la crise ? Pourquoi les institutions, et en l'occurrence la Sauvegarde 44, se sont-elles saisies de cette pratique ? Du champ libéral au champ institutionnel, la médiation familiale voyage, se métamorphose, change de cadre. Change-t-elle pour autant de philosophie ? S'adresse-t-elle aux mêmes populations ? Régule-t-elle les mêmes conflits ? La médiation est une forme de régulation des conflits, mais propose-t-elle des modes d'apprentissage ? Élabore-t-elle des savoirs utiles à la compréhension des comportements humains ? Comment peut-on passer du « deux ensemble » au « un ensemble », modèle du divorce *soft* prôné par notre société ? Comment trouver peut-être les voies de la réconciliation et trouver de nouvelles modalités de vie en famille ? À l'évidence, la médiation familiale rencontre tous les conflits de famille possibles : des conflits de couple certes, mais aussi de parents à grands-parents, de fratries, de familles recomposées… Du conjugal au parental, du parental à l'intergénérationnel, du parental au fraternel, du parental à la pluriparentalité… la médiation familiale élargit son spectre d'interventions. Jusqu'où peut-elle aller ?

Toutes ces évolutions et ces questions ont jalonné notre réflexion, construite à partir de l'analyse des situations et des histoires de vie. La lecture est plurielle, sociologique pour inscrire la médiation familiale dans le vaste mouvement des mutations de la famille, des modes alternatifs de régulation des conflits, mais aussi pour préciser le profil des familles qui ont recours à ce mode de régulation. L'approche est également psychologique, clinique, dans l'écoute de la souffrance des personnes. Elle est enfin technique et pédagogique pour dégager l'intérêt, mais aussi les limites de ce mode d'intervention. Tel Janus, nous ne pouvons ignorer de tourner notre regard vers le futur. La médiation familiale ne fait pas seulement le bilan d'une situation dégradée, elle tente de profiler un avenir, d'où l'intérêt de se pencher sur ses effets. À ce titre, nous rendrons la parole aux familles, pour nous dire ce qu'elles en pensent *a posteriori*. Si le médiateur ouvre des portes, que celles-ci soient pertinentes reste notre principal objectif.

1

Des origines de la médiation à son institutionnalisation

On se moque des enfants qui justifient leurs mauvais coups par ce gémissement : « C'est lui qui a commencé ! » Or, aucun conflit adulte ne trouve sa genèse ailleurs
Amélie Nothomb. *Le sabotage* amoureux, 1993.

Claire et Maxime

Ils sont là, face au médiateur pour la première fois. Lui, est agriculteur. Elle, a abandonné son travail d'aide familiale pour élever leurs cinq enfants. Après 26 ans de vie commune, c'est la rupture et c'est Monsieur qui demande une médiation pour renouer un dialogue totalement interrompu. Comme dans les contes de fées, Lui et Elle avaient pourtant beaucoup de choses à partager. C'est Monsieur qui raconte leur histoire. Elle, recroquevillée dans son fauteuil, se couvrant la bouche de son foulard, écoute non sans émotions, le bilan de leur vie. Tous deux sont originaires de la campagne. Ils se sont connus à l'école et la première initiative de rapprochement a eu lieu en Terminale. Il la trouvait très ouverte, agréable, souriante, attirante physiquement. Pourtant, ce jour là, elle l'avait repoussé, et il avait fallu d'autres échanges, d'autres contacts pendant deux longues années pour qu'une relation amoureuse s'installe peu à peu. Ils partagent les mêmes valeurs religieuses, la même pudeur qui exclut le thème de la sexualité de leurs discussions. Mariés, ils s'installent sur l'exploitation des parents de Madame, une proximité hasardeuse et envahissante, tendue par l'arrivée rapide de deux enfants. Désireux d'élargir la famille, le couple adopte un petit garçon du Brésil, malade, chétif. La belle-famille n'adhère pas à ce projet et les relations s'enveniment. Un troisième enfant biologique naît, une seconde adoption se concrétise, portant à cinq le nombre de la fratrie. Les rythmes, les charges s'accroissent, l'espace pour inventer la vie se fait rare. Le décès de la petite fille adoptée en 2002 provoque un effondrement du couple. Le décalage se creuse, Madame trouve un travail par le diocèse auprès des migrants. Fin 2004, c'est la rupture et le départ de Madame avec un autre homme. Les enfants restent avec le père. À l'énoncé de ce désastre, Madame pleure. Ce sera, à la seconde séance, à elle de raconter son histoire, leur histoire qui ne sera « ni tout à fait la même, ni tout à fait une autre ». La médiation a commencé, rien ne peut dire encore quel en sera son point d'orgue pour Claire et Maxime.

Ce bref résumé peut sembler presque ordinaire et pourtant quelques décennies plutôt la surprise aurait été totale. Depuis quand quelqu'un du monde paysan rompt-il la loi du silence pour demander l'aide d'un tiers ? Depuis quand un couple inscrit dans la durée met-il fin à une alliance concrétisée par la présence de cinq enfants ? Depuis quand des hommes sont-ils à l'initiative d'une telle demande d'aide ? Libre et volontaire, la médiation familiale reste du domaine du libre arbitre, mais pour y avoir recours encore faut-il qu'elle fasse partie du paysage social, qu'elle soit reconnue comme un espace possible de régulation. Aujourd'hui, de nombreux couples font cette démarche, mais aussi des grands-parents, des frères et sœurs, sortant du huis-clos familial pour exposer et mettre en mots leurs souffrances. Pour comprendre ce qui amène nos contemporains à cette démarche, sans doute n'est-il pas vain de remonter aux origines des conflits et de la médiation familiale.

Les hommes ont toujours eu besoin d'un tiers régulateur

Les hommes ont toujours eu des conflits et besoin d'un tiers régulateur pour les départager. La mythologie comme la Bible en témoigne, et le plus célèbre des jugements tenu au nom de « l'intérêt de l'enfant », est sans doute celui de Salomon.

> Deux prostituées vinrent vers le roi et se tinrent devant lui. L'une des femmes dit : « S'il te plaît, Monseigneur ! Moi et cette femme, nous habitons la même maison et j'ai eu un enfant alors qu'elle était dans la maison. Il est arrivé que le troisième jour, après ma délivrance, cette femme aussi a eu un enfant. Nous étions ensemble. Il n'y avait plus d'étranger dans la maison, rien que nous deux dans la maison. Or, le fils de cette femme est mort une nuit parce qu'elle s'était couchée sur lui. Elle se leva au milieu de la nuit, prit mon fils d'à côté de moi, pendant que ta servante dormait. Elle le mit sur son sein et son fils mort elle le mit sur mon sein. Je me levai pour allaiter mon fils, et voici qu'il était mort ! Mais, au matin, je l'examinai, et voici que ce n'était pas mon fils que j'avais enfanté ! » Alors, l'autre femme dit : « Ce n'est pas vrai ! Ton fils est celui qui est mort et mon fils est celui qui est vivant ! » Elles se disputaient devant le roi qui prononça : « Celle-ci

dit : voici mon fils et c'est ton fils qui est mort ! Celle-là dit : ce n'est pas vrai ! Ton fils est celui qui est mort et mon fils est celui qui est vivant ! » Apportez-moi une épée, ordonne le roi. Et on apporta l'épée devant le roi, qui dit : « Partagez l'enfant vivant en deux et donnez la moitié à l'une et la moitié à l'autre. » Alors la femme dont le fils était vivant s'adressa au roi, car sa pitié s'était enflammée pour son fils et elle dit : « S'il te plaît Monseigneur ! Qu'on lui donne l'enfant, qu'on ne le tue pas ! » Mais celle-là disait : « Il ne sera ni à moi ni à toi, partagez ! » Alors le roi prit la parole et dit : « Donnez l'enfant à la première, ne le tuez pas. C'est elle la mère ! » Tout Israël apprit le jugement qu'avait rendu le roi. Ils révérèrent le roi, car ils virent qu'il y avait en lui une sagesse divine pour rendre la justice. (*Bible de Jérusalem*, I Rois, 3, 16-28)

Partant de deux points de vue contraires, de deux intérêts divergents, la justice tranche *in fine* lorsqu'un accord négocié n'a pu être trouvé. Pour autant, tout conflit ne mène pas devant une juridiction. Notre vie est remplie de poussières de petits litiges auxquels il va falloir trouver des solutions pour continuer à vivre ensemble. *Aux confins du droit* (Norbert Rouland, 1991)[2], toute société invente des moyens pour maintenir l'harmonie et la paix sociale. Norbert Rouland nous rapporte que chez les Esquimaux, où tout conflit d'une certaine importance risque de devenir un danger grave pour la communauté, il y a nécessité de résoudre pacifiquement le litige. « L'un des moyens utilisés était la compétition de chants. Devant la communauté rassemblée, les adversaires se livraient à ce duel. Chacun à leur tour, ils entonnaient des chants satiriques mettant en scène leur protagoniste. Par ses rires, l'assemblée les départageait et finissait par désigner un vainqueur… Le conflit était considéré comme clos, et la réconciliation devait suivre. » Ailleurs, en Afrique Noire, les tribus font primer la négociation. Chez les Nuers ou dans la tribu des Dinkas, lorsque naît un conflit, les individus ont recours au « maître à peau de léopard », un sage de la tribu doté d'une certaine autorité. On fait appel à lui, même lorsqu'un crime a été commis. Les anthropologues du droit font état d'une grande confiance placée dans cette autorité. Il s'agit là de sociétés traditionnelles, de sociétés sans État. Mais certaines sociétés étatiques préfèrent, elles aussi, retenir une approche pacifique de la résolution des conflits plutôt que l'approche conflictuelle du procès. C'est le cas du Japon où le droit est considéré comme le pire cauchemar. C'est le « sauvage » qui a recours au juge. Dans la tradition chinoise, Norbert Rouland nous parle « d'un effacement du droit » : les hommes doivent « avant tout rechercher le consensus, éviter autant que possible l'idée de sanction… Enfin le monde trouve sa cohérence dans la conjonction des contraires, on ne peut penser la matière sans l'esprit, le rationnel sans le sensible, l'ordre sans le désordre, le bien sans le mal, le *yin* sans le *yang* ». À l'inverse de la société américaine, les juristes bénéficient de peu d'estime dans ce pays. Au droit et au jugement on préfère de beaucoup le compromis et la conciliation. Les médiateurs français auraient dans ce pays une place de choix ! Norbert Rouland note « combien l'Occidental a du mal à concevoir que concrètement les choses puissent fonctionner ainsi. C'est oublier l'importance de l'éducation et des rites. La conciliation est facilitée par le fait que l'éducation habitue chacun à se demander si les conflits dans lesquels il se trouve engagé n'ont pas pour origine sa propre faute ». Nous sommes dans cette philosophie éducative bien loin de la remarque d'Amélie Nothomb mise en exergue de ce chapitre. Au pays de Confucius les formules « c'est lui qui a commencé », « c'est de sa faute ! », ne sont pas de mise. En France, au contraire, notre tradition judéo-chrétienne recherche la faute, ce qui génère la désignation du coupable.

L'anthropologie juridique nous ouvre des portes, nous donne des pistes pour penser la conciliation. Et pourtant, ce n'est pas des pays cités que nous viendra la médiation familiale. Il nous faudra suivre un autre sentier, celui des États-Unis et du Canada, pour voir émerger un nouvel art de la dialectique entre les individus et une nouvelle profession, le médiateur.

Une pratique venue d'outre-Atlantique

Les premiers pas de la médiation familiale s'effectuent, semble-t-il, aux États-Unis, à l'initiative d'un avocat, J. Cowlson, qui, à partir des techniques d'arbitrage, tente de réduire les effets traumatiques du divorce. O.J. Coogler, avocat, thérapeute d'Atlanta ouvre, dans le privé, le premier centre de médiation familiale. Il rend compte de sa pratique en publiant, en 1978, un ouvrage intitulé *Structured mediation in divorce settlement: a handbook for marital mediators*, à l'instar du travailleur social et professeur en sciences sociales J.M.Haynes qui propose aux travailleurs sociaux de devenir des médiateurs familiaux dans *Divorce mediation: a pratical guide for therapists and counselors*. La Justice se saisit également du dispositif. L'État de Californie, le premier, adopte une loi obligeant les parents en conflit sur la garde des enfants à rencontrer un médiateur familial. De nombreux États américains suivront. Le recours à la médiation familiale se généralise rapidement sur tout le territoire national jusqu'à passer la frontière et atteindre le Canada. Si un lecteur a aujourd'hui la curiosité de consulter un site américain, il remarque d'emblée le florilège des propositions en la matière. American Bar Association[3] (Section of Dispute Resolution) est ainsi la plus importante organisation américaine réunissant 370000 avocats. Son budget annuel dépasse les

100 millions de dollars. Elle propose à ses membres divers services en ligne et notamment des consultations, des conventions types de conciliation, de médiation et d'arbitrage. Elle assure la publication de brochures et d'ouvrages. Elle organise des stages et des séminaires sur la médiation et l'arbitrage. Elle publie un magazine *Dispute Resolution Magazine*.

Au Canada, le législateur a préconisé le recours à la médiation dès 1985, dans la loi sur le divorce. Selon Sandra. A. Goundry[4], « au cours de la dernière décennie, de nombreux programmes de médiation familiale, tant dans les secteurs public que privé, ont été créés partout au Canada. Aujourd'hui, pratiquement toutes les provinces financent et dirigent un programme de médiation familiale sous une forme ou une autre. Ces programmes sont souvent directement liés aux tribunaux ou alors ils sont liés à des services sociaux. La médiation familiale devient de plus en plus un complément, voire une solution de rechange. Elle est considérée comme une solution constructive, consensuelle et à bon marché pour régler les litiges. » Les chercheurs chargés de l'évaluation s'inquiètent cependant des effets de la médiation familiale, notamment vis-à-vis du droit des femmes. Ils soulignent que, faute de vigilance, la médiation peut renforcer les inégalités de sexe. « Les promotrices et promoteurs de la médiation familiale soulignent un certain nombre de facteurs qui rendent intéressante la médiation comme moyen de résolution de conflits. Figurent parmi ces facteurs :

– la nature non accusatrice de la médiation et l'encouragement auprès des parties à trouver des solutions communes ;

– un taux plus élevé du respect des ententes ;

– des coûts moins élevés et moins de perte de temps ;

– une satisfaction plus grande des parties.

Toutefois la réalité apparaît tout autre quand on examine et évalue ces facteurs de plus près. Les critiques soutiennent que plusieurs des problèmes inhérents au système judiciaire sont tout simplement reproduits dans un cadre privé et moins visibles de la salle de médiation ». Plusieurs points critiques, qui pourraient faire réfléchir les médiateurs français, sont pointés. Les chercheurs s'inquiètent :

– « des pressions plus ou moins subtiles incitant ou même obligeant les parties à choisir la médiation familiale plutôt qu'un autre mécanisme de résolution de conflits. Ces pressions corrodent le caractère volontaire de la médiation. L'introduction récente d'une législation rendant la médiation familiale obligatoire au Québec constitue un bon exemple de cette corrosion ». Nous avons là l'exemple d'une toute-puissance de l'État, qui décide pour la famille de ce qui est bon pour elle. Michel Schneider dans *Big Mother*[5] (2002) dénonce cette position du pouvoir de l'État et son intrusion dans la sphère privée.

Les chercheurs canadiens dénoncent en outre :

– la non prise en compte des femmes défavorisées économiquement et culturellement, qui n'ont pas toujours les moyens de négocier sur un plan équitable ;

– « les médiatrices et médiateurs n'ont pas le pouvoir d'obliger les parties à une divulgation complète des données financières, et de nombreux chercheurs évoquent une précarisation possible des femmes, les hommes masquant leurs revenus lors du bilan négocié.

– plusieurs des programmes de médiation subventionnés ne fournissent pas d'aide juridique sur place ou n'assurent pas l'accès à une aide juridique ; les parties concluent donc des ententes sans avoir profité d'une aide ou de conseils juridiques. De plus, les importantes compressions au niveau du financement de l'aide juridique ne font qu'aggraver la situation :

– le manque de structures et de procédures pouvant attester la responsabilité de la médiatrice ou du médiateur, soit les normes d'accréditation, les certificats d'études et la formation, peut entraîner des incohérences aux niveaux des pratiques et de la qualité du service ;

– il existe encore de sérieuses préoccupations concernant l'incapacité des services de médiation à repérer, avec le plus de justesse possible, les femmes qui subissent de la violence et des abus et qui pourraient se retrouver dans une situation dangereuse au cours du processus de médiation. Des outils ont été créés pour repérer les contre-indications à la médiation. Toutefois l'efficacité de ces outils n'est pas encore tout à fait effective et doit donc faire l'objet d'une évaluation ». À cette fin, ce rapport canadien précise que « si les gouvernements veulent continuer d'offrir ces programmes, ils doivent repenser et restructurer les services de médiation familiale pour répondre davantage à leur clientèle féminine… ».

On le voit, dès 1998, des voix canadiennes s'élèvent pour dire que la médiation ne peut tout faire, qu'elle doit être encadrée, volontaire et respectueuse des droits de tous, au risque de devenir une « justice de seconde zone ».

Émergence de la médiation en France

En France, la médiation a d'abord été introduite dans le secteur public avec la création du médiateur de la République par la loi du 3 janvier 1973[6]. Ce dernier est l'héritage de l'ombudsman scandinave. Le médiateur de la République est une autorité administrative indépendante, chargée de rechercher une solution amiable dans les litiges opposant l'Administration et les usagers du service public. Depuis, le législateur est intervenu de manière ponctuelle pour introduire la médiation dans d'autres domaines. Ainsi une loi du 29 juillet 1982 est venue instituer un médiateur du cinéma[7]. De même, la médiation pénale a vu le jour par la loi du 4 janvier 1993, qui permet au procureur de la République de faire procéder, avec l'accord des parties, à une mission de médiation entre l'auteur des faits et la victime, lorsque certaines conditions sont réunies. En matière civile, le législateur de 1995 a instauré la médiation à l'instigation du juge[8]. Enfin, la médiation familiale, qui nous intéresse ici, s'institutionnalise rapidement. Contrairement au continent nord-américain où les services de médiation familiale s'implantent à proximité, voire à l'intérieur même des palais de justice, le tissu associatif se révèle être le terrain de prédilection pour le développement de la médiation familiale dans l'Hexagone. Le milieu judiciaire, qui craignait la concurrence, est resté dans un premier temps assez méfiant face à cette nouvelle pratique. « La première manifestation officielle dans le domaine de la médiation a été le colloque organisé à Versailles, en 1988, par l'association Père Mère Enfant. Par la suite, des représentants de la médiation familiale québécoise – alors en plein développement – ont apporté leur savoir-faire en France » (Bastard-Vornèche, 2002). La troisième conférence européenne de la famille, qui se tient en 1995, prend partie pour la médiation et recommande aux États membres « d'instituer ou de promouvoir la médiation familiale ou, le cas échéant, de renforcer la médiation familiale existante et de prendre toute mesure nécessaire pour promouvoir l'utilisation de cette pratique comme un moyen approprié de résolution des litiges familiaux ». Des juristes, comme Irène Théry ou Françoise Dekeuwer-Défossez, se disent également favorables à sa diffusion. L'association pour la promotion de la médiation familiale (APMF) et la fédération nationale de la médiation familiale (FENAMEF) promulguent, dès 1991, un code déontologique pour la profession. Dès 1992, une charte européenne régit les centres de formation à la médiation. Monique Sassier, chargée auprès du Ministère du dossier de la médiation familiale, contribuera largement à l'émergence de la loi 2002 et au statut des médiateurs et des centres de formation.

La loi du 4 mars 2002 sur l'autorité parentale consacre définitivement la médiation familiale comme une méthode possible de régulation des litiges. D'après les nouvelles dispositions, le juge peut, en effet, proposer une mesure de médiation pour « faciliter la recherche par les parents d'un exercice consensuel de l'autorité parentale ». Il peut même leur « *enjoindre* » de rencontrer un médiateur familial, pour qu'ils reçoivent une information sur l'objet et le déroulement de cette mesure (nouvel article 373-2-10 du Code civil). Avec ces dispositions, on peut considérer que les conditions se trouvent réunies pour que la médiation se développe comme une nouvelle spécialité professionnelle à part entière » (Bastard-2002). L'ampleur des divorces et l'engorgement des tribunaux incitent certains départements à favoriser la médiation familiale. Celle-ci apparaît comme un recours possible, le coût de la prise en charge se déplaçant alors de l'aide juridictionnelle à un financement CAF par exemple. Ceci étant dit, l'injonction juridique n'enclenche pas forcément la mobilisation et l'implication des parties. Les couples peuvent n'y trouver aucun bénéfice, ne pas comprendre le sens de la démarche. Tout l'art du médiateur consiste alors à transformer cette injonction en démarche volontaire. Mais le risque est que la demande en reste là et qu'elle débouche sur une déperdition des rendez-vous. Tout médiateur sait qu'il y a un écart entre l'injonction de médiation et sa réalisation, entre le fait de plaquer une proposition d'intervention et l'adhésion des parties à son déroulement.

Un contexte propice : parentalité et médiation

Quelle analyse sociologique pouvons-nous faire de ce phénomène de diffusion d'une pratique de régulation, d'un pays à l'autre ? Nous pourrions nous attarder seulement à la technique, à la méthodologie proposée, et ne voir en la médiation qu'un moyen d'amener les intéressés à un accord négocié. Pour autant, le « comment » ne doit pas masquer le « pourquoi », et les finalités nous semblent essentielles à décoder. La médiation familiale s'inscrit dans un vaste mouvement de réflexion sur le couple, la famille, la parentalité. Elle s'inscrit dans des enjeux qui la dépassent et qui interrogent nos représentations de la famille et nos idéaux. La médiation est, selon nous, à resituer dans un contexte sociétal qui valorise la *coparentalité, la coéducation,* le « faire ensemble », la répartition égalitaire des responsabilités. Attardons-nous quelque peu sur ce nouveau paradigme porté par le préfixe *co.* Le *co* préfixe latin, variante de *cum,* signifiant « avec », exprime selon le dictionnaire : le concours, l'union, la simultanéité (ex. coauteur, coaccusé, codétenu). On est, et cela semble une évidence coparents dès lors qu'il faut en principe être deux pour faire un enfant. Pourtant, l'évidence éclate dès lors que nous passons aux manifestations de cet assemblage : le concours n'est pas l'union et n'implique pas la simultanéité. On peut concourir à faire un enfant, puis disparaître. L'opinion publique garde d'ailleurs en mémoire cette image de l'homme qui n'assume pas sa paternité et disparaît de la circulation. Autrefois, rien n'était pire que la situation de fille-mère, le prix à payer en était l'opprobre et la qualification de bâtard pour l'enfant concerné. Aujourd'hui, sans être forcément dans l'union, les pères reconnaissent de plus en plus leur responsabilité dans la naissance de l'enfant : les trois quarts des naissances hors mariage sont aujourd'hui reconnues par le père (dont 94 % dans la première année) contre 50 % en 1980. On ne peut, par ce chiffre, mieux montrer l'implication des pères, une implication nouvelle, mais en progression constante que nous retrouverons dans les médiations. La coparentalité peut parfois s'arrêter là, à cette expression d'une responsabilité légale. La coparentalité peut aussi prendre la forme d'une union, pérenne ou temporaire, continue ou discontinue. Le *co*, le « avec » dévoile curieusement la difficulté et la fragilité de cet assemblage qui aujourd'hui s'exprime par la montée des divorces. L'union fait la force, dit-on, mais c'est bien parce que l'union n'est plus forcément la norme que notre société, par l'invention du terme coparentalité, tente de l'imposer à nouveau, au nom de l'intérêt de l'enfant à conserver ses deux parents (convention des droits de l'enfant de 1989). Un nouveau modèle familial est né, divisé mais ensemble, séparé mais lié ; le parental doit résister au désamour, il doit prendre le pas sur le conjugal. À la discontinuité des amours s'oppose la continuité de l'amour parental, indéfectible, inaliénable. La célèbre formule « le couple parental survit au couple conjugal », employée depuis la loi de 1987 sur l'autorité parentale conjointe, exprime le désir de toute une société de réussir le divorce à défaut d'avoir pu réussir l'union.

De nombreux auteurs soulignent cependant les écarts entre le modèle d'un divorce *soft*, pacifié, et la réalité des pratiques des individus. Le divorce est loin d'apaiser les problèmes de parentalité. Chaque année 70 000 divorces retournent en justice dont 40 000 pour des pensions alimentaires non payées, 15 000 pour des problèmes de partage de l'autorité parentale et 10 000 pour des droits de visite. La parentalité ne se décline pas toujours dans un climat serein, l'idéal d'un « divorce *soft* », quasi consensuel, est écorné par la réalité et pourtant, dans les médias comme ailleurs, c'est ce modèle qui est prôné. Anne Vidalie, dans *L'Express* du 29/09/2005, résume avec humour la situation, avec un titre provocateur: « Jamais sans mon ex ». L'auteur note qu'avec « la déferlante des divorces, *l'ex* a fait son entrée dans le jeu des sept familles, aux côtés des pères, mères, grands-parents, frères et sœurs ». « C'est une nouvelle identité à l'intérieur de la parenté », affirme le psychiatre Robert Neuburger. Signe des temps et de leur poids numérique, les *ex* ne sont plus tabous. Au contraire, on les exhibe, on les observe, on les fétichise. Pierre Palmade et Michèle Laroque en ont fait un spectacle, *Ils se sont aimés* (2001). L'an dernier, l'actrice Nicole Calfan a consacré un livre à son ex, Jean Yanne, intitulé *Toi l'ours, moi la poupée*. Dans le show-biz, il est de bon ton d'afficher ses excellentes relations avec ses ex: Pamela Anderson et son rocker d'ex-mari Tommy Lee; Yannick Noah et ses ex... Même Alain Delon pour assurer son retour sur scène s'est fait photographier avec Mireille Darc en 2006, 23 ans après leur rupture. La liste serait longue des stars affublées de leur ex. Selon Anne Vidalie, « La multiplication des ex est l'avatar de la banalisation du divorce. "Du divorce civilisé" », précise le sociologue Benoît Bastard. Sauf dans les milieux les plus conservateurs, une union rompue n'est plus synonyme de stigmate social. Autrefois, on se séparait parce qu'on se haïssait. Aujourd'hui, on se quitte parce qu'on ne s'aime plus. On se quitte bons amis, si possible. En ces temps d'apologie de la performance, il faut tout réussir, même son divorce. Cette injonction fait partie des normes nouvelles de notre société. » Mais ce n'est pas si simple. Les blessures de l'ego ne cicatrisent pas d'un coup de baguette magique. Rester « bons amis » et « parents complices » ne se décrète pas. C'est sans doute parce que ce n'est pas si évident que le concept et l'injonction de coparentalité prennent une telle place dans le champ du divorce. C'est aussi pour ces mêmes raisons que la médiation familiale ouvre les portes de la négociation à des couples en mal de dialogue.

Répartir les charges, les responsabilités, pacifier les relations, permettre à chacun de continuer sa route tout en gardant le même cap pour le bien-être des enfants, le processus est complexe. Entre le modèle prôné et la réalité, les écueils ne manquent pas. Les femmes vont se plaindre de la lourdeur de la tâche qui le plus souvent leur est confiée, les hommes vont revendiquer de ne plus être éliminés de l'éducation des enfants. Il faut savoir que la garde des enfants est confiée neuf fois sur dix aux mères, ce qui a pour conséquence une dégradation de leur situation matérielle et financière, mais aussi de leur situation relationnelle (notamment quant à la possibilité de reformer un couple). On voit là comment une avancée sur un plan (la libéralisation des relations conjugales), couplée avec le maintien des relations inégalitaires (l'assignation des femmes à l'ordre domestique, en l'occurrence à la garde des enfants), se traduit en définitive par une dégradation ou du moins une fragilisation de la situation des femmes. Pour les pères, la situation n'est guère plus favorable. Exclus de la garde des enfants, certains vivent douloureusement cette mise à l'écart. Dans ces situations de conflit conjugal, les femmes ne sont pas toujours en situation de victimes. Si le « pouvoir masculin » est incontestablement assorti de beaucoup de privilèges, il comporte néanmoins quelques revers (Hurstel, 1996 ; Neyrand, 1999). Les femmes sont soutenues par des courants forts de la psychanalyse et de la pédiatrie. Lorsqu'elles revendiquent la résidence de l'enfant, elles trouvent un écho particulièrement favorable chez certains pédiatres ou psychiatres, pour qui la mère reste première. Les femmes n'ont pas toujours intérêt à choisir la médiation familiale ; elles n'ont pas toujours envie de partager cet enfant, ultime trace du couple défait. La coparentalité souffre de ces images figées des rôles de chacun. Les chiffres sur la résidence alternée sont à cet égard sans ambiguïté. Les premiers résultats sur les jugements rendus en octobre 2003 en France[9] révèlent des disparités extrêmement grandes selon les départements. Les juges accordent presque toujours la résidence en alternance lorsque les deux parents en font la demande conjointe. 80,7 % des demandes d'alternance sont formées conjointement par les deux parents. Moins de 20 % sont demandées par un seul des parents, contre l'avis de l'autre. Les rejets de l'alternance par le juge, qui se traduisent par la garde exclusive à un parent, se font majoritairement au détriment des pères (85,5 %). Lorsque le juge accorde la résidence alternée, il est sensible au contexte de la séparation. Ainsi son avis est positif à 8,8 % toutes procédures confondues, il augmente à 15,7 % dans le cadre d'un divorce par consentement mutuel, et recule à 6 % à l'occasion d'un divorce contentieux ou dans une demande faite après le divorce. Globalement, l'appareil juridico-judiciaire actuel a un fonctionnement anti-paritaire, c'est-à-dire plus largement favorable aux mères. Les disparités selon les départements sont énormes. Ainsi, selon la seule étude publiée sur ce point, à partir de données obtenues du ministère de la Justice (étude exclusive SOS PAPA), les tribunaux de grande Instance de Saint-Gaudens, Dinan ou Privas accordaient, dans les divorces, de 15 à 40 % la garde au père tandis qu'à Lons-le-Saunier, Annecy, Bourgoin, Vienne, Avignon, Bobigny, Lorient, Evreux ou encore Albi, les pères étaient moins de 3 % à l'obtenir. Depuis, des consignes ont été données à la Division statistique du ministère de la Justice de ne plus communiquer de données non triées, non publiées par le ministère.

C'est dans ce contexte lourd d'enjeux, et avec pour toile de fond ce modèle idéal-type du couple pacifié, que la médiation familiale intervient. L'ignorer serait une erreur, car toute technique est porteuse d'une intentionnalité, de représentations, qui vont marquer la pratique. Nous verrons que la médiation familiale ne demeure pas cantonnée au champ du divorce, qu'elle élargit chaque jour son domaine d'interventions, ce qui nécessite de dresser des cadres d'analyse à l'aide d'une typologie.

Typologies de la médiation

La typologie de la médiation dressée par Jean-François de Six[10] peut aider, dans un premier temps, à clarifier notre approche de la médiation familiale. Cet auteur distingue quatre types de médiation. Il y a, selon lui, la médiation « créatrice » destinée à susciter entre des personnes de nouveaux liens ; la médiation « rénovatrice » qui réactive des liens distendus ; la médiation « préventive » qui évite la survenance d'un conflit ; la médiation « curative » qui aide les parties à éteindre un conflit. D'autres travaux ont permis de dresser une typologie des conflits[11]. On distingue, par exemple, les conflits d'intérêts et les conflits de valeurs. Le conflit d'intérêts oppose des individus à propos d'un bien qui est trop rare pour que toutes les parties soient satisfaites. Ce type de conflit incite au partage. Le conflit de valeurs, quant à lui, porte sur un antagonisme relatif à des valeurs sociales ou/et éducatives. Les solutions négociées dans ce dernier type de conflit sont beaucoup plus difficiles à obtenir. Si l'on suit cette première typologie, les modes alternatifs de résolution des conflits sont plus adaptés aux conflits d'intérêts qu'aux conflits de valeurs. Selon une troisième typologie, il serait possible de distinguer entre les conflits réalistes et les conflits non réalistes. Dans les premiers, le conflit est un moyen utilisé pour atteindre un objectif déterminé. Dès lors, si le résultat peut être atteint d'une manière différente, les parties seront incitées à suivre cette dernière manière, par exemple en recourant à un mode alternatif de résolution des conflits. Dans les seconds, le conflit est une fin en soi. Le conflit focalise l'agressivité qui existe entre les parties. Dans ce type de conflit, le recours à un mode alternatif semble exclu. Ces deux typologies rejoignent une autre distinction, celle entre contentieux « chaud » et contentieux « froid ». Dans le contentieux chaud, les parties investissent leur personne et leurs valeurs. Dans le contentieux froid, les parties se contentent d'ajuster leurs intérêts. Les modes alternatifs de résolution des conflits conviennent mieux aux contentieux « froids » qu'aux contentieux « chauds ». Enfin, aux conflits d'intérêts et de valeurs, Justin Levesque, dans son livre[12] *Méthodologie de la médiation familiale,* ajoute les conflits structurels (distribution inégale des pouvoirs) et les conflits de données, visibles lorsque les deux partenaires sont en désaccord ou en déséquilibre sur les informations reçues. C'est par des vignettes que nous nous proposons dans le chapitre suivant d'illustrer ces typologies, car elles sont autant de visages possibles de la médiation. Nous verrons cependant combien ces typologies, partiellement opérantes, gomment la complexité de l'humain et ne rendent pas compte d'une dimension, selon nous, plus centrale de la médiation familiale, à savoir la question des places et des liens.

La définition élaborée en 2002, par le Conseil national consultatif de la médiation familiale, évoque cette dimension. La médiation familiale se présente comme « un processus de construction, reconstruction, du lien familial, axé sur l'autonomie et la responsabilité des personnes concernées par des situations de rupture ou de séparation, dans lesquelles un tiers impartial, indépendant, qualifié et sans pouvoir de décision – le médiateur familial – favorise à travers l'organisation d'entretiens confidentiels leur communication, la gestion de leur conflit, dans le domaine familial, entendu dans sa diversité et son évolution ».

Plusieurs termes sont à retenir dans cette définition comme autant de pistes pour baliser notre recherche. Des principes sont posés comme l'importance du lien, la recherche de l'autonomie et la responsabilité des sujets. Des postures professionnelles sont dictées comme l'impartialité, l'indépendance, la compétence, la confidentialité. Des buts sont proposés comme la gestion des conflits. Un cadre extensif est dessiné, la médiation s'intéresse à tout ce qui touche à la famille, indépendamment de sa forme. Tous ces principes, ces postures, ces intentionnalités, nous ne les prendrons pas comme des évidences, mais nous les discuterons au fil des pages. L'indétermination de certains mots comme « lien » nous engage à cette prudence, car aujourd'hui tout le monde parle de crise du lien, de délitement des liens, l'usage du singulier ne signifiant d'ailleurs pas la même chose que le recours au pluriel. Entre vie privée et interventions publiques, la médiation familiale tente d'inscrire un entre-deux qui mérite d'être observé, mais elle n'échappe pas au contexte sociétal dans lequel elle s'inscrit ; aussi conserverons-nous autant que possible un *va et vient* entre l'espace circonscrit de la consultation et l'espace de la société et des politiques mises en œuvre pour réguler la famille.

2

Visages de la médiation familiale

« Famille, Talon d'Achille »
Ward Jouve Nicole, *L'entremise*, 1980.

« *L'enfer, c'est les autres* »

C'est par cette phrase célèbre de Jean-Paul Sartre dans *Huis-clos* que nous pourrions introduire le recours à la médiation, mais à la condition de prendre la mesure de ce qu'à réellement voulu dire l'auteur dont nous reproduisons les propos :

> On a cru que je voulais dire par là que nos rapports avec les autres étaient toujours empoisonnés, que c'étaient toujours des rapports infernaux. Or, c'est autre chose que je veux dire. Je veux dire que si les rapports avec autrui sont tordus, viciés, alors l'autre ne peut-être que l'enfer. Pourquoi ? Parce que les autres sont au fond ce qu'il y a de plus important en nous-mêmes pour notre propre connaissance de nous-mêmes. Quand nous pensons sur nous, quand nous essayons de nous connaître, au fond nous usons de ces connaissances que les autres ont déjà sur nous. Nous nous

jugeons avec les moyens que les autres ont, nous ont donné de nous juger. Quoique je dise sur moi, toujours le jugement d'autrui entre dedans. Ce qui veut dire que, si mes rapports sont mauvais, je me mets dans la totale dépendance d'autrui. Et alors, en effet, je suis en enfer. Et il existe une quantité de gens dans le monde qui sont en enfer parce qu'ils dépendent trop du jugement d'autrui. Mais cela ne veut nullement dire qu'on ne puisse avoir d'autres rapports avec les autres. Ça marque simplement l'importance capitale de tous les autres pour chacun de nous.

C'est donc bien parce que l'autre compte encore pour chacune des parties au conflit, parce que son avis blesse, parce que la séparation-individuation n'est pas faite, que la médiation s'impose comme un espace de transition. L'indifférence ne génère pas le recours au médiateur, l'amour et la haine mêlés le sollicitent comme tiers. Du grec, *mesos,* et du latin, *medius,* « qui se trouve au milieu », le médiateur est celui qui s'intercale et, si le terme apparaît au XIIIe siècle, il ne prend sa valeur moderne « d'entremise destinée à concilier des personnes » qu'au XVIe siècle. En musique, la médiation désigne la pause faite au milieu d'un verset de plain-chant. Dans le concert dissonant du couple, le médiateur introduit cette pause et tente de donner sens à l'enfer vécu par chacun.

Retrouvons pour un bref moment notre couple d'agriculteurs entendu au premier chapitre. La seconde séance commence, et c'est Madame qui cette fois donne sa lecture des faits.

> Nous étions copains dans la même école. Il m'a demandé de sortir avec lui. Il était sympathique, mais je n'avais pas idée que cela puisse être du registre amoureux. On s'est écrit, on s'est revu et à l'occasion d'un pique-nique on a écouté une chanson qui nous touchait tous les deux. C'est à ce moment-là que Maxime m'a proposé de sortir avec lui. J'ai dit d'accord, on essaie. Maxime

paraissait sérieux, c'était quelqu'un de bien, nous avions des valeurs communes, les mêmes croyances religieuses, une façon d'être qui nous paraissait similaire. Nous sommes sortis ensemble, mais j'ai vite imposé des règles, de ne pas nous voir trop souvent, je voulais qu'on aille doucement. On se voyait tous les week-ends. Au bout de trois mois, je ne m'y retrouvais pas. Je constatais peu de proximité affective, il était trop sage. Puis cela a redémarré, puis une nouvelle rupture, puis des retrouvailles. Lorsque je l'ai embrassé pour la première fois, il m'a dit dans sa surprise : « Tu m'as sauté dessus ! » Je me suis sentie coupable et très négative. Dans mon attitude, j'avais peur de le regarder dans les yeux. Maxime avait une position haute. J'avais tendance à me dévaloriser à son contact. Nous vivions des interdits par rapport à l'expression de nos sentiments, de notre sexualité, sans doute hérités de nos croyances religieuses. Malgré les regards négatifs de nos familles respectives, nous avons décidé de nous marier. Nos familles n'étaient pas en accord avec les modalités d'organisation du mariage, mais ce fut une superbe journée. Lors de notre première soirée, lorsque ses parents sont partis, Maxime a pleuré. Était-ce de la tristesse ou bien la peur de l'avenir ? Je me rappelle m'être dit que ce n'était pas gagné. Dans notre projet de vie, nous avions fait le choix que je reste à la maison, j'allais être mère au foyer. J'ai donc arrêté mon activité professionnelle et j'en ai vite ressenti les effets négatifs : la solitude, la proximité trop grande avec ma mère, le sentiment d'être abandonnée par mon environnement social, le sentiment de perte d'existence. J'ai été projetée d'un seul coup dans des responsabilités majeures. Je devais gérer l'argent du couple et ne pas trop dépenser. Je devais prendre soin de Maxime pour qu'il soit en forme pour le travail, je devais m'occuper seule du quotidien, et j'ai tout raté... Quand il se levait le matin, je l'entendais dire qu'il était fatigué, lorsque je le sollicitais pour un rapprochement physique, j'entendais : « Tu ne penses qu'à cela ». Cela m'a beaucoup blessée, je me suis recroquevillée, repliée sur moi-même, j'avais le sentiment d'être traitée comme une prostituée. J'étais désavouée quant à mes responsabilités. J'étais niée et je trouvais cela injuste. Dès que Maxime rentrait dans une colère, je rentrais dans une peur... J'ai déployé beaucoup d'énergie à faire que ces colères ne s'expriment plus, mais tout cela en m'oubliant moi-même. Puis notre première fille est très vite arrivée, enfin il y avait quelque chose à faire, cela allait donner un sens à ma vie. Ma grossesse a été mal accueillie par mes parents, comme par ceux de Maxime. Avec Maxime, cela s'est un peu amélioré, notre vie affective et sexuelle était plus positive. En revanche, je n'avais aucun soutien pour la vie quotidienne. En 1986, je suis enceinte de notre deuxième fille et la construction de la maison est en cours. Nos familles n'acceptent pas plus cette deuxième naissance. L'accouchement a été difficile, j'ai eu une césarienne, je n'ai pas eu la visite de mes parents et Maxime n'était pas là à l'accouchement. Peu de temps plus tard, ma belle-mère m'a dit que sans Maxime je ne me serai jamais mariée, et ma mère m'a reproché la césarienne. Elle m'a dit : « Une femme chez nous n'accouche pas par césarienne ! » J'étais à nouveau très blessée. En 1988, nous adoptons notre premier garçon. Maxime devait se libérer pour aller le chercher, mais toute la famille s'y est opposée. C'était à moi de le faire, c'était un travail de femme, je n'étais pas conforme aux attentes de ma mère, ni à celles de ma belle-mère. J'ai assumé mes choix personnels, je voulais retravailler à l'extérieur et, quand j'ai parlé de faire les transports scolaires, Maxime m'a dit : « Nous avons fait un choix, il y a vingt ans et nous nous y tiendrons ! » Nous avons eu un autre enfant en 1997, puis adopté une petite fille en 1999, j'ai été invitée par le maire du village brésilien et Maxime a refusé que je m'y rende, quelle injustice ! Notre petite fille était très malade, elle est morte en 2002... Plus Maxime se fâchait, plus il me fallait taire mes désirs afin de réconcilier le couple. Maxime était toujours insécurisé dans son travail et son anxiété s'exprimait facilement, trop facilement, jusqu'au jour où j'ai fini par ne plus le croire comme quelqu'un qui crie au loup sans jamais le rencontrer. Il m'a demandé à plusieurs reprises d'assumer la comptabilité, pour me l'enlever à d'autres moments. La dernière fois, c'était lors de la maladie de notre fils, je ne m'en sortais pas, je lui ai dit mes difficultés et il m'a répondu : « Tu y passeras tes jours et tes nuits si nécessaire ». Cela a été un déclic, j'étais traitée comme un chien. Tout s'est arrêté là, je suis partie vivre avec un migrant.

Claire, en nommant ainsi son nouvel ami, sait-elle que le migrant est « celui qui passe d'un lieu à l'autre », mais aussi celui qui mue, qui se transforme, voire qui transgresse (sens de *migrare* en 1531). Claire est à sa façon une migrante, elle passe d'un lieu à l'autre, elle se métamorphose et transgresse au fil de son récit bien des codes : ceux de la rencontre amoureuse en prenant l'initiative du baiser ; les codes de l'enfantement imposés dans la lignée maternelle ; elle est encore celle qui transgresse les règles de la filiation en allant chercher ses enfants au Brésil. Les valeurs au sein du couple, qui semblaient être communes, volent en éclat. Claire vit une mutation qui l'amène à privilégier sa vie de femme à celle de mère. Là encore, elle échappe au modèle idéal-type qui veut que la mère ne laisse pas ses enfants derrière elle. Mais le malentendu n'est-il pas plus ancien, inscrit dès la rencontre dans les différences d'expression de l'émotivité ? Nous aurions là un conflit de valeurs certes, mais aussi un conflit situé dans le registre des émotions et dans leur socialisation. David Le Breton[1] (1998) note que « les émotions se détachent malaisément de la trame enchevêtrée de sens et de valeurs où elles s'insèrent : comprendre une attitude affective implique de dérouler le fil tout entier de l'ordre moral du collectif en identifiant la manière dont le sujet qui la vit définit la situation ».

Parce que le comportement de drague vient en principe de l'homme, parce que c'est en général lui qui s'aventure dans la sphère personnelle de l'autre, Maxime interprète le baiser de Claire comme une rupture dans les usages. Lors de toute rencontre amoureuse, un « dialecte de l'engagement » (Goffman, 1974) commande le contenu des paroles prononcées, leur rythme, leur ton, le jeu subtil des regards, les gestes, les postures ; il indique les zones corporelles de contacts et celles qui sont interdites sous peine de provoquer la gêne ou de faire violence. Mais Claire trouve Maxime « trop sage », « peu proche affectivement » et rompt le code en vigueur en accélérant le rythme et en prenant l'initiative du toucher. De ce geste découlera le premier malentendu (« j'avais le sentiment d'être traitée comme une prostituée »), et la dévalorisation par le regard : le regard de Maxime, puis ceux de la mère et de la belle-mère liées en une même posture de maintien des rôles et de la tradition. Ce qu'une femme doit être, ce qu'elle doit endurer pour être mère est écrit et transmis de génération en génération. S'y conformer, c'est appartenir au groupe familial, mais au prix d'une aliénation que Claire évoque par l'oubli de soi-même et un sentiment profond de disqualification. La figure de la prostituée est ici assimilée à une dégradation majeure de l'image de soi.

Femme, épouse, amante, mère ; homme, mari, amant, père… Entre ces quatre postures possibles, leurs articulations, voire ce qui va être privilégié pour chacun et dans le couple, l'alchimie est complexe et fragile. La médiation familiale ouvre ses portes à ceux pour qui l'équilibre est rompu, pour un temps ou définitivement. Il serait vain de penser que la médiation puisse être cantonnée au registre parental sans entendre ce qui se vit au niveau du conjugal. Rares sont les couples en mesure de cliver ainsi les sphères, même si la médiation familiale tente de les disjoindre. Toute médiation commence donc par l'histoire du couple, racontée tour à tour par chacun, avec ses points d'accord, de connivence, mais aussi déjà ses écarts, ses remaniements opérés par la mémoire. Chaque histoire s'inscrit dans un contexte sociétal et l'histoire banale de Claire et de Maxime est en fait éminemment moderne, dans une approche de la redéfinition des rôles au sein de la famille. Là où Maxime s'arcboute sur ce qui a été décidé « il y a vingt ans », Claire oppose le mouvement et le passage de la femme de la sphère domestique à celle du travail, de la mère à l'amante. Dans les années 1930-1970, le médiateur n'aurait rien su de ces *Tyrannies de l'intimité*[14] (Sennett-1979). C'est bien parce que nous assistons à *la transformation de l'intimité*[3] (Giddens-2004), que ces blessures de l'intime peuvent s'exposer.

L'intime dévoilé dans la recherche du soi authentique

Selon nous, la médiation familiale ne peut exister que parce qu'un double changement est venu modifier notre société : un premier au niveau de notre rapport à l'intimité ; un second dans la construction identitaire de chacun. De l'intimité des couples, nous ne savions que peu de choses, jusqu'à cette année 1983 où Pascale Breugnot accueille le psychanalyste Serge Leclaire[4] pour *panser sous l'œil de la caméra* la crise conjugale d'un couple de garagistes, lui avouant « son impuissance et elle son infidélité ». L'émission intitulée *Psy show* fera des émules, puisque quelques années plus tard Catherine Muller, psychanalyste, se livrera avec Jacques Pradel au long exercice « d'interprétation psychique d'un malaise conjugal ». Le couple, dans l'émission *L'amour en danger,* livrera au public son histoire en seize épisodes entre octobre 1991 et mai 1993. Depuis ces dates pionnières, on ne compte plus les émissions mettant en scène l'intimité des personnes. Les psys qui débattent dans l'agora, sur la scène des médias, ont selon Mahaut-Mathilde Nobécourt[5] pris la place « des confesseurs », et répondent à l'un des besoins de notre société. Admise ou contestée, la méthode qui consiste à parler de soi en public modifie certainement les perceptions de chacun sur ce qu'il est convenu de dire ou possible de dire à un étranger. Dès lors, les frontières du public et du privé se modifient, l'intimité peut être dévoilée, voire surexposée[6]. L'appel au médiateur ne relève dès lors plus d'une pratique extraordinaire ; il est une solution possible d'autant plus que la confidentialité est maintenue en médiation familiale.

Le deuxième changement qui ouvre les portes de la médiation familiale concerne la quête du soi authentique à l'intérieur du couple. Comme le note François de Singly[7], le couple n'est plus seulement une structure distribuant les rôles, mais le lieu où chacun cherche à s'épanouir, à révéler son identité latente. À l'ombre de la vie privée, chacun cherche à être au plus près de ce « soi original » toujours inachevé. Le prix à payer à cette quête de l'individualisme positif, à cette quête de soi, sorte de quête du Graal, peut être l'angoisse, la fatigue[8] (Ehrenberg, 1998), ou la rupture, comme Claire qui refuse désormais d'être réduite aux rôles de mère et de femme au foyer, qui refuse de « taire ses désirs et de s'oublier ». Claire, ouverte au Brésil et aux autres cultures, qui choisit un migrant, un sans terre à un mari paysan, qui finalement privilégie son « soi féminin » au « soi maternel », est ainsi en rupture avec les valeurs communes actives au début du couple. C'est par ces écarts, ces hiatus au sein des couples, que commence toute médiation.

La narration verbale de soi et le « désir d'extimité »

La narration verbale, qui est au cœur de la médiation familiale, nous surprend beaucoup moins si nous adhérons à l'idée de Serge Tisseron selon laquelle il existe en chacun de nous « un désir d'extimité ». Le désir d'extimité est ce « mouvement qui pousse chacun à mettre en avant une partie de sa vie intime, autant physique que psychique ». Ce mouvement consiste « dans le désir de communiquer à propos de son monde intérieur… Si les gens veulent extérioriser certains éléments de leur vie, c'est pour mieux se les approprier, dans un second temps, en les intériorisant sur un autre mode grâce aux réactions qu'ils suscitent chez leurs proches ». Claire, en se racontant, en dévoilant son univers émotionnel, suscite maintes réactions chez son conjoint. Le médiateur notera que celui-ci semble découvrir les petites humiliations vécues par sa femme, les dévalorisations inscrites dans les discours de sa mère, de sa belle-mère, et dans son propre discours. Peut-être découvre-t-il une autre Claire, une étrangère, à ce jour inconnue. Cette opération de dévoilement n'est possible, selon Serge Tisseron, que si celui qui parle peut « croire que son interlocuteur partage le même système de valeurs. C'est en effet à cette seule condition que nous pouvons prendre le risque de lui confier quelque chose de nous-mêmes… Autrement dit, pour pouvoir confier sans craintes certaines parties de notre intimité à un autre, il nous faut d'abord identifier cet autre à nous-mêmes. Mais, sitôt la dynamique de "l'extimité engagée", l'interlocuteur qui réagit à notre attitude n'est plus un double de nous-mêmes. Pour accepter son point de vue et commencer à nous enrichir, il nous faut maintenant nous identifier à lui ».

La position impartiale du médiateur n'est donc pas simple. Elle est toujours à reconstruire et à penser, car le médiateur, qu'il le veuille ou non, a son propre système de valeurs qui entrera plus ou moins en concordance ou en télescopage avec le couple, voire l'un de ses membres. C'est à ce titre que le médiateur doit entreprendre une supervision pour prendre la mesure des résonnances émotionnelles, affectives, et psychologiques que les situations plurielles peuvent déclencher chez lui. Se pose aussi la question de l'analyse des pratiques: elle lui garantira qu'il reste bien dans le cadre qui lui est imparti de médiation familiale. Ceci est d'autant plus nécessaire lorsque le médiateur suspecte une situation de violence intraconjugale, qui peut empêcher le processus de médiation familiale.

Dans l'histoire de Claire et Maxime, le médiateur avait perçu, dès la première séance, un climat latent de violence. C'est bien ce vécu de violence agie et ressentie que Claire aborde. Ce qui est particulièrement intéressant à observer c'est qu'elle est capable, dans le cadre de la médiation, de la mettre en mots, de la formaliser et de l'exprimer. Claire donne à voir une dévalorisation, une certaine forme d'aliénation à la figure maternelle, comme à son conjoint, qui lui-même reproduit la posture disqualifiante tenue par sa propre mère. De Claire et Maxime, le médiateur aura entendu un chapitre de vie, non la totalité. Plusieurs thèmes de travail avaient été définis pour les séances futures comme la question de la scolarité des enfants, celle de leur résidence, le partage des biens… Finalement, le couple ne reviendra pas tout de suite. Monsieur était venu à la première séance avec une demande: « *Je ne veux pas que les choses changent, je veux qu'elle revienne* ». La seconde séance lui a peut-être donné les limites de son rêve. Le partage de la progéniture n'était pas au cœur du conflit et le couple a pu, semble-t-il, renouer le dialogue pour convenir de l'avenir des enfants. Les deux ainées ont pris leur autonomie, Hugo, âgé de 17, ans vit avec son père, les deux petits derniers sont avec leur mère…

Une autre page sera à écrire. Elle le sera après un temps d'élaboration nécessaire à la maturation.

Toutes les situations entendues en médiation familiale ne mettent pas en scène un conflit émotionnel, toutes les médiations ne sont pas dans ce registre du curatif, c'est-à-dire de l'extinction d'un conflit situé au cœur du conjugal. D'autres médiations sont plus articulées à l'axe de la parentalité et portent sur une revendication concernant le maintien des liens avec les enfants. Mais avant d'en arriver là, l'histoire commence toujours par une rencontre et une tentative de vivre ensemble, le temps partagé fût-il séquentiel.

Communauté de vie, alternance ou séparation ?

Michelle et Florian, je t'aime moi non plus

L'histoire de Michelle et Florian pourrait s'intituler « histoire d'amour des temps modernes », tant l'amour s'y décline ici par séquences, recomposition, distances et retours, éloignement et rapprochement jusqu'au temps de la rupture définitive. La question du partage des enfants n'est que l'ultime scénario où se joue la question de la place du père dans une famille recomposée qui éclate. C'est Michelle qui contacte le service de médiation familiale (l'un et l'autre viennent une première fois seuls). Ils sont séparés depuis janvier 2006. Michelle, âgée de 49 ans, est institutrice et vit dans un logement de fonction. Florian, 58 ans, habite leur maison de vacances, qui appartient au couple. La situation est très conflictuelle entre eux et ils ne parviennent pas à se parler pour organiser la séparation. En reprenant notre typologie, nous pourrions dire qu'il s'agit d'un « contentieux chaud », tant le médiateur aura fort à faire pour que le conflit n'envahisse pas l'espace de la négociation. Une procédure judiciaire est en cours et une plainte a été déposée par Jeanne (fille de Michelle, 28 ans) contre Antoine (30 ans), le fils de Florian, pour des attouchements sur Julie, quatre ans, fille de Jeanne. Dans les familles recomposées, l'interdit des relations sexuelles est parfois court-circuité, et la médiation tente alors de repositionner les filiations et quasi-filiations. Par le terme de quasi-filiation, nous évoquons ces situations où l'enfant a été élevé par un homme ou une femme, non titulaire de droits sur le plan légal. Pour autant sur le plan affectif et symbolique, des liens très forts peuvent avoir été noués.

Récemment, un cancer de la gorge a atteint Florian qui parle très bas et éprouve de la difficulté à s'exprimer même s'il reste très véhément vis-à-vis de sa femme. Il est sculpteur et artiste peintre. Il désire voir son fils, Alain, onze ans, qu'il n'a pas vu depuis des mois. Le premier entretien commun expose le cadre de la médiation et reconstruit le génogramme du couple. Cette technique fréquemment utilisée aide le médiateur à comprendre le parcours de chacun, mais aussi à pointer les liens et les ruptures entre les personnes. Le génogramme a été créé dans les années 70 par les pionniers de la thérapie familiale (Gregory Bateson, l'école de Palo Alto). Il arrive en France environ dix années plus tard et est utilisé dans le cadre d'entretiens en thérapie familiale. À son origine, c'est un outil thérapeutique. Selon les systémiciens américains, son invention est associée aux travaux de Murray Bowen et à sa théorie des systèmes familiaux. D'autres auteurs notent qu'il est sans doute issu des premières réflexions sur les liens familiaux complexes faites par Moreno – et son *atome social* – sans que les divers praticiens de la thérapie familiale systémique retracent cette généalogie historique. Le génogramme est essentiellement la représentation graphique d'une famille, rassemblant sur un même schéma : les membres de celle-ci (le plus souvent sur deux ou trois générations), les liens qui les unissent, et les informations biomédicales et psychosociales qui s'y rattachent. Plus précise, la définition du génosociogramme est la suivante : c'est « une sorte d'arbre généalogique fait de mémoire (c'est-à-dire sans recherche d'informations et de documents), complété des événements de vie importants (avec leurs dates et leurs liens) et du contexte affectif (liens sociométriques, marqués par des flèches ou des traits de couleurs). Le génosociogramme n'est pas seulement un arbre généalogique situant la parentèle. Ce qui est important, c'est la façon dont l'auteur de cet arbre "fantasmatique" perçoit les personnages et les liens qui les unissent et qui le lient à ses ascendants et collatéraux, et à leurs rôles. Ce sont même parfois les blancs, les trous de mémoire de la famille qui en disent long sur ce qui a été rayé de la mémoire familiale ». Les praticiens de la médiation familiale partagent donc cet outil avec les thérapeutes systémiques, sans pour autant s'en servir au même niveau d'analyse. Le génogramme de Michelle et Florian montre comment chacun a dessiné le cours de sa vie. Il nous ouvre « les portes de la petite fabrique à s'inventer. On y trouve beaucoup de passion créative, mais aussi beaucoup de désarroi, d'implosions individuelles et d'explosions collectives » (Kaufmann, 2004[9]).

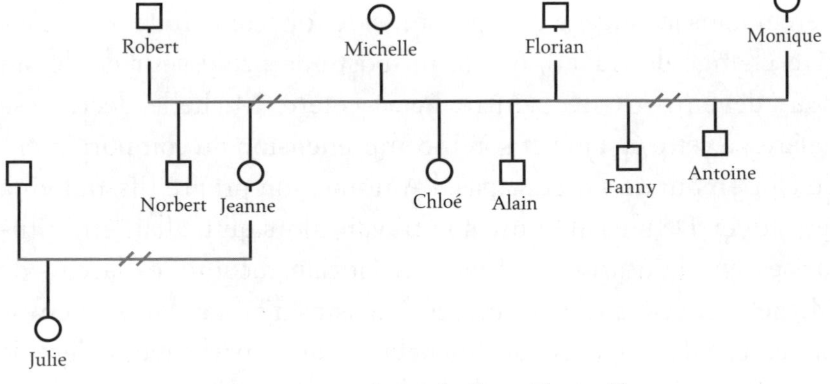

Génogramme de Michelle et Florian[10]

Michelle a 22 ans quand ses parents divorcent. Elle assume alors un rôle d'aînée pour une partie de la fratrie (onze enfants) ; ses relations avec sa mère sont difficiles. Elle quitte la maison avec un frère et son ami Robert, avec qui elle s'installe. Cette union ne dure que cinq ans et elle se sépare de ce compagnon en ignorant sa seconde grossesse. De ce premier couple sont donc nés deux enfants, Jeanne et Norbert. Michelle s'installe à Avignon et rencontre Monique dans un jardin public. Elle sympathise avec leur couple et est souvent reçue chez eux. Des sentiments amoureux naissent, avec le temps, entre elle et Florian, le mari de Monique. Celle-ci se plaint de son mari auprès de son amie. Michelle et Florian s'avouent mutuellement leurs sentiments et passent à l'acte, tout en vivant chacun de leur côté. Ce passage est difficile pour Florian qui avoue avoir rencontré beaucoup de problèmes pendant dix ans, des conflits et l'agressivité de Monique. Il reconnaît aujourd'hui avoir fait l'erreur de se plonger dans une nouvelle union sans avoir pris le temps de faire le deuil de la précédente. Michelle dit avoir été spectatrice et senti un poids dès le départ dans leurs relations ; sa préoccupation d'alors était plus de nourrir ses enfants et de travailler. Lorsque Florian lui fait part de son désir de vivre avec elle, Michelle dit qu'elle le sentait bizarre, incohérent dans le langage et la pensée, et le soupçonnait de boire. Florian change de travail, quitte un poste de professeur de dessin pour devenir artiste peintre. Avec colère, Michelle décrit « sa galère » à cette époque et son incompréhension du comportement de Florian qui ne s'occupe pas d'Antoine, son propre fils, qui vit à leur foyer. De plus, il quitte son travail, alors qu'il allait être titularisé par l'Éducation nationale… Florian raconte les larcins de Michelle et de ses frères dans les magasins d'alimentation, l'envahissement de la famille de Michelle. Celle-ci parle avec colère de ses difficultés financières, de l'absence d'aide de Florian qui est dans l'incapacité de gérer une famille. Elle rappelle son éducation sévère, très catholique et son rejet de la société qui l'entraînait, selon elle, dans une phase de rébellion, d'autant plus qu'elle se sentait seule face aux responsabilités. Florian pense qu'ils se sont mis ensemble trop tôt, qu'il n'était pas en mesure de construire une vie avec quelqu'un, que les choses se sont enclenchées trop vite après un rapport sexuel et qu'ils avaient huit ans de différence (22 ans et 30 ans), ce qui a créé des malentendus. Il affirme dans le même temps que ses choix ont été d'abord amoureux. Selon lui, il a pris sa place pleinement auprès de Jeanne et Norbert alors qu'il n'a pas élevé ses propres enfants de sa première union. Plusieurs déménagements ont lieu, en Espagne puis à Sète : leur absence de dialogue et l'impossibilité à construire quelque chose ensemble les amènent à une première séparation en 1982. En 1984, naît leur fille Chloé. Cette naissance se passe mal, car le chirurgien remet en place l'utérus de Michelle, sans anesthésie, après en avoir demandé l'autorisation à Florian, ce qui a pour conséquence non seulement une vive souffrance pour Michelle, mais aussi un éloignement l'un de l'autre et une absence de relations sexuelles pendant un an. Les frères de Michelle viennent s'installer auprès de leur sœur et Florian part vivre en Bretagne. C'est la deuxième séparation du couple et un aménagement à distance de leur relation. Florian souligne aussi ses difficultés de dialogue avec Monique, sa première femme ; elle lui retire ses enfants qu'il ne voit plus. Une succession de retours et de séparations avec Michelle alternent jusqu'en 1988. La vie conjugale et parentale est intermittente ; chacun mène sa vie de son côté. Michelle est alors enceinte et Alain naît en 1995, elle vit avec Jeanne et Chloé. Elle a un logement de fonction et retrouve Florian qui possède un atelier à Nantes et continue ses allers et retours sur Paris. Il dit n'avoir pas triché, avoir donné de l'amour, mais n'avoir pas su assumer le quotidien. Il décrit l'autorité envahissante de Michelle et se demande quelles possibilités elle lui laissait. Rien de partageable ne semble émerger, tout est resté conflictuel, y compris les relations entre les enfants des autres unions. Dans cette famille qui n'a pu se recomposer, Florian souligne son incapacité à « faire famille » malgré son désir, celui de Michelle et les valeurs qu'elle prônait. En 2001, à la naissance d'Alain ils achètent une maison dont Michelle prend le crédit à sa charge et Florian les travaux. Il s'agit d'un château, leur objectif est de faire un atelier pour Florian et des gites pour financer les travaux. La rupture du couple change la donne et Florian est hospitalisé un mois après cette rupture pour un cancer de la gorge.

Ils s'entendaient
si bien ensemble...
Hélas
Ils parlaient la même langue
Sans jamais s'en être doutés
Et ils se sont battus
Ils se sont expliqués
Volets fermés volets fermés
L'explication fut longue
La bataille de courte durée
Et ils se sont quittés
Chacun d'eux était fait pour s'entendre
Mais aucun pour écouter l'autre

Jacques Prévert, *Volets ouverts...*

« *Faire famille* »

Ces récits, à deux voix ont été difficiles tant dans le ton que dans les griefs émis, les règlements de compte de chacun. Le rôle du médiateur a été complexe pour maintenir le cadre de l'entretien, mais arrêtons-nous un instant sur la problématique qu'il nous est donné d'entendre. Florian parle de sa difficulté à « faire famille », et leur histoire nous renvoie plus largement à deux thèmes : l'individualisme dans la vie commune et la question des familles recomposées.

Dans son avant-propos à son livre *Libres ensemble*[11], François de Singly note que « l'individu contemporain court après le bonheur. Il ne l'attrape que rarement pour longtemps. Car si la finalité de la course est très clairement fixée : se réaliser soi-même, la nature exacte de l'exercice, en revanche, reste floue. Est-ce une course en solitaire pour que l'individu apprenne, tout le long du chemin, en étant seul, à être lui-même ? Est-ce une course en équipe qui permet à chacun de donner le meilleur de lui-même par une saine émulation ? Le coureur contemporain ne le sait pas ». Comme ne le savent pas Florian et Michelle qui alternent les phases de course en solitaire et la vie en couple. Tantôt se joue la réalisation de soi, au détriment du projet commun, lorsque Florian abandonne la sûreté d'une vie de fonctionnaire pour une vie d'artiste ; tantôt le collectif l'emporte par la vie de château et la création de gîtes. Il en est de même pour Michelle qui alterne en permanence les alliances et les ruptures, dans une logique de dégagement de la tradition catholique, une « phase rebelle », dit-elle, qui l'engage à « faire famille » autrement que dans la permanence du mariage. Ces deux êtres partagent somme toute la même quête, mais dans des synchronisations différentes. Le paradoxe, ajoute François de Singly « conduit donc les adultes à rêver d'une vie qui cumule, en même temps – et non successivement – des moments de solitude et des moments de communauté, d'une vie qui autorise à être ensemble tout en permettant à chacun d'être seul, s'il le veut. Par essais et erreurs, ils tentent de mener une double vie : non pas dans le sens de deux vies conjugales, mais dans le sens d'une vie conjugale associée à une vie personnelle ». Florian et Michelle sont l'exacte illustration de ces « essais et erreurs » pour faire coïncider deux logiques, celle de l'individualisme (ou du Sujet) et celle de la vie commune. Utopie que ce rêve ? Nous ne pourrons répondre objectivement à cette interrogation, car le médiateur ne rencontre que les couples pour lesquels la tentative a échoué. Pour cette situation, le médiateur entend l'ultime aveu d'impuissance de Florian dans cette phrase : « Quelles possibilités me laissait-elle ? » Au partage des espaces privés vient se greffer la question de la place occupée par chacun dans cette alternance. L'éloignement comporte le risque de ne pas être assez soutenu (c'est la plainte de Michelle) ou de perdre sa place (c'est la plainte de Florian). Florian et Michel n'ont pu trouver les réglages et les ajustements minutieux que demande le « *libres ensemble* ». Leurs différences de tempo les ont fait échouer dans la recherche de cet équilibre en tension entre quête de soi et quête de l'autre, quête d'une vie d'artiste et quête de la sécurité, entre originalité et ordinaire. Le conte d'Arthur Schopenhauer[12] (*Parerga et paralipomena)* pourrait s'appliquer à Florian et Michelle :

> Par une froide journée, un troupeau de porcs-épics s'était engagé serré pour se garantir mutuellement contre la gelée, par leur propre chaleur. Mais tout aussitôt ils ressentirent les atteintes de leurs piquants, ce qui les fit s'éloigner les uns des autres. Quand le besoin de se chauffer les eut rapprochés de nouveau, le même inconvénient se renouvela, de façon qu'ils étaient ballotés de ça et de là entre les deux souffrances.

Les hommes ne sont certes pas des porcs-épics, et pourtant… Avec d'autres mots et une autre poésie, Yves Simon dans *La dérive des sentiments* décrit un couple identique à celui de Florian et Michelle. Eux s'appellent Marianne et Simon et vivent la même quête existentielle, le même drame. « S'éloigner… S'éloigner ensemble ou l'un de l'autre… Ils disent que c'est un espace qu'ils devraient inventer, un territoire qui s'étalerait entre elle et lui, autour d'eux, que chacun pourrait remplir d'étangs, d'arrêts de bus, d'insectes, d'architectures, de rosée, de panneaux urbains, de lune, d'attirance. Plutôt que d'avoir à espérer un temps futur à vivre ensemble, ce serait un espace à imaginer aujourd'hui. S'éloigner, remplacer le temps par un paysage. Dérouler en somme leur histoire dans l'actualité, sans avoir à se poser la question de sa durée, de sa fin, de son deuil. » Comme Marianne et Simon, personnages fictifs, Florian et Michelle ont tout tenté, ils ont même rêvé, comme le dit l'expression populaire, de « château en Espagne », ils ont échoué et ils dérivent.

La lutte au sein du couple est d'autant plus âpre qu'ils sont finalement dans la même logique. Le « dire ensemble » est tout aussi difficile que le « vivre ensemble » et dès lors il n'est pas étonnant que la confrontation face au médiateur soit houleuse. La revendication se déplace sur la question du comment « faire famille » quand ni l'espace ni le partage du quotidien n'alimentent cette dimension. Reste pour Florian comme pour Michelle l'enfant – peu évoqué dans cette situation comme « sujet », mais comme « unique objet de mon ressentiment[13] ». Selon l'Insee[14], 1,6 millions d'enfants vivent dans une famille recomposée : 63 % des enfants avec leur mère et son nouveau compagnon, 37 % avec le père et sa nouvelle compagne. Sur les sites Internet fleurissent les conseils pour réussir cette nouvelle vie, car passé le temps mythique des tribus modernes et heureuses, est apparu le temps des problèmes et de la complexité. Florian et Michelle sont représentatifs de cette nouvelle époque où les enfants nés d'une première union cohabitent avec les enfants nés du second couple. Par là-même, ces familles sont le plus souvent nombreuses. Selon l'Insee, la proportion de familles de quatre enfants est de 29 % parmi les familles recomposées contre 12 % pour les familles traditionnelles. À eux deux, Michelle et Florian, sont mathématiquement, par intermittence, à la tête d'une tribu de six enfants. Au-delà du maintien du couple dans la vie de ces enfants apparentés différemment, se pose la question du maintien des liens entre ces « demi »[15] ou « quasi » frères et sœurs. « La fratrie est un élément silencieux dans notre culture. Peu d'aspects de la vie familiale ont été moins étudiés que l'interaction entre frères et sœurs[16] ». Ceci est d'autant plus vrai dans les familles recomposées, aussi n'est-il pas inutile de citer la recherche réalisée, sous la responsabilité scientifique de François de Singly, par Aude Poittevin, doctorante au Centre de recherche sur les liens sociaux[17]. L'auteure s'interroge sur ces liens et le concept même de fratrie. Nous y reviendrons lorsque nous aborderons la médiation familiale sous cet angle (chapitre 3), mais d'ores et déjà nous pouvons nous interroger sur la posture du professionnel de la médiation. Comment peut-il interroger cette dimension fraternelle passée sous silence ? Doit-il en rester à une lecture de ces liens sous le seul angle de la consanguinité et ne s'inquiéter que des enfants ayant le même parent ? Doit-il amener les parents à réfléchir à ce thème non posé par eux ? Dans la situation de Florian et Michelle, la séparation n'est pensée que sous l'angle de la conjugalité et de la parentalité restreinte, c'est-à-dire du côté du lien parent-enfant biologique. Mais que vont devenir les liens construits entre enfant et beaux-parents ? Comment vont être aménagés les liens invisibles de la fratrie biologique ou apparentée ? La médiation doit-elle se poser ces questions et s'inscrire dans le mouvement des métamorphoses de la famille ou doit-elle en rester à une conception traditionnelle ? Répondre à ces interrogations, c'est définir l'espace de l'intervention, ce qui n'est pas anodin et met en cause les schémas de pensée des médiateurs eux-mêmes.

Dans la situation de Florian et Michelle, cette question est exacerbée, car le médiateur se trouve confronté à un interdit sexuel non respecté entre Antoine, fils de Florian, et Julie, fille de Jeanne, « quasi sœur » d'Antoine. La loi de l'interdit des relations sexuelles entre frères et sœurs, entre parents et enfants, opérante dans les familles traditionnelles se trouve parfois malmenée dans les familles recomposées, qui peuvent se réfugier derrière l'absence de liens de consanguinité. Qui fait partie de la famille, qui n'en fait pas partie ? Les « quasi » frères et sœurs, le beau-parent vis-à-vis d'un enfant qui n'est pas le sien, peuvent se croire dispensés du respect de l'interdit de l'inceste. Ici, le problème est majeur et encore différent ; il touche une enfant de quatre ans et Florian comme Michelle se trouvent convoqués sur une scène familiale élargie, où se pose la question du « qui croire ? » Chacun va défendre *sa* progéniture contre celle de l'autre. Sur le conflit élémentaire de couple entre Florian et Michelle se greffe un second conflit : celui de deux parents qui se déchirent à la fois pour les enfants nés de leur première union et pour ceux qu'ils ont eus en commun ; puis un troisième conflit : celui des enfants, des « quasi » frères et sœurs, par petite fille interposée. Le médiateur est alors le témoin d'une conflictualisation par ricochets. « Familles, je vous hais », aurait dit Gide, qui pourtant en fit une. Moins pessimiste et moins définitif dans son jugement, Hervé Bazin[18] préfèrera la formule « Famille, je vous ai », montrant combien il est difficile de s'en défaire, même au fil des générations. À charge pour le médiateur d'organiser le futur avec le couple, de transformer la rupture en séparation, de maintenir les liens de filiation à défaut de sauvegarder les liens d'alliance.

Au niveau conjugal et parental, la médiation offre son visage classique, dans lequel elle a longtemps été cantonnée. Il suffit de lire les premières définitions de cette nouvelle intervention pour mesurer combien son premier champ fut presque exclusivement celui du divorce. La définition de l'Association pour la promotion de la médiation familiale note que « la médiation en matière de divorce ou de séparation a pour objectif de permettre aux parents d'exercer leurs responsabilités parentales dans un climat de coopération et de respect mutuel. » Avec l'évolution des divorces en France, la médiation familiale avait un terrain fertile. Pour mémoire, rappelons quelques chiffres des métamorphoses de la famille. En 1950, 5 à 6 % des naissances étaient dites illégitimes ; ce pourcentage monte à 10 % en 1980, 30 % en 1990 et 43 % en 2004. Ces naissances ne sont plus illégitimes, mais tout simplement hors mariage. Le nombre des divorces, nous l'avons déjà noté, est de 40 % depuis 1995, chiffre qui se stabilise. La probabilité est de 50 % à Paris. La vie à deux n'est pas un long fleuve tranquille, et l'on comprend l'émergence du médiateur. De nombreux professionnels (Gréchez, 2005) fixent ce terrain et nul autre à la médiation. Nous y reviendrons dans le chapitre 5.

Pour autant, nous partons ici de la pratique, des demandes des personnes, et nous constatons que la famille ne recouvre pas seulement le couple, mais aussi les grands-parents, les enfants, les fratries biologiques ou recomposées. À tous les niveaux des conflits peuvent apparaître, nécessitant l'intervention d'un tiers. La médiation s'ouvre alors à l'intergénérationnel et couvre tous les âges de la vie. Le conflit n'est plus seulement au cœur du conjugal ou/et au cœur du parental, mais dans l'entre-deux des générations, où tout se joue et se rejoue. Les grands-parents ne sont plus absents des consultations en médiation. Ils y font leur entrée, légitimés par la loi qui leur donne des droits non négligeables (code civil, article 371-4). Les grands-parents ont un droit de visite et d'hébergement de leurs petits-enfants, mais aussi le droit d'échanger une correspondance avec eux et de participer à leur éducation dans la mesure où ils ne se substituent pas aux parents. Ces droits restent valables en cas de divorce des parents, de naissance d'un enfant naturel ou d'adoption d'un enfant. Il peut aussi arriver que les grands-parents se voient confier la garde de leurs petits-enfants : en cas de divorce des parents si l'enfant ne peut pas rester au domicile de l'un des deux ou si les parents sont déchus de l'autorité parentale ; dans ce cas, les grands-parents doivent respecter le droit de visite des parents. Ces droits ne peuvent être retirés par le juge que pour des motifs graves. De même, les père et mère ne peuvent, sauf motif grave, faire obstacle aux relations d'un enfant avec ses grands-parents. Si aucun accord ne peut intervenir à l'amiable entre les parties, les relations sont réglées par le juge aux affaires familiales. Ceci peut en effet se produire à l'occasion d'un divorce pour les parents de celui des époux qui n'a pas la garde de l'enfant, ou même en dehors d'une procédure de divorce lorsque, sans raison valable, les grands-parents sont empêchés d'avoir des relations normales avec leurs petits-enfants. Cette législation a renforcé la revendication grand-parentale et on comprend dès lors que les médiateurs soient confrontés à une nouvelle clientèle.

La lutte des places ou quand la grand-parentalité revendique ses droits

Le terme de grand-parentalité est d'usage récent, mais, comme tout néologisme, il vient dire et signifier de nouveaux enjeux. Notre société vieillit et le poids des personnes âgées s'accroît, des personnes âgées en bonne santé qui exigent d'occuper une vraie place et de ne pas être mises sur la touche. C'est ce contexte qui, selon nous, alimente ce que nous avons appelé *la lutte des places,* terminologie empruntée à Vincent de Gaulejac[19]. Quelle place les grands-parents peuvent-ils légalement, mais aussi symboliquement et affectivement revendiquer aujourd'hui ? Dans le jeu des générations et des solidarités, la donne est quelquefois brouillée, comme en témoigne l'histoire de ce couple grand-parental, confronté au deuil de leur fils.

Papy et mamie partent en guerre

Le couple est âgé respectivement de 64 et 65 ans. Ce sont des « jeunes grands-parents » qui ont eu trois enfants et quatre petits-enfants. Leur second enfant, Dimitri, est décrit comme un enfant qui a toujours été difficile, vulnérable et sujet aux tentatives de suicide. À 22 ans, leur fils rencontre Amina, qui est enceinte moins d'un mois plus tard. En opposition avec leur future belle-fille, Monsieur et Madame D. aident néanmoins le jeune couple à s'installer et à survivre. Un petit garçon naît, mais le couple se sépare au bout de quelques mois, ce qui provoque la pendaison de Dimitri. Monsieur et Madame D. tiennent leur belle-fille pour responsable de cet acte. Suite au décès, ils accueillent leur petit fils pendant quatre mois un week-end sur deux. Lorsque leur belle-fille, qui a reconstruit un couple, leur annonce que le rythme sera désormais d'un week-end par mois, ils saisissent le juge des affaires familiales, avec l'idée de demander la garde de l'enfant âgé de quinze mois. Leur avocat leur a conseillé de se substituer à leur fils décédé et de demander les droits dont il était dépositaire. Déboutés par le juge, les grands-parents se sont dirigés vers la médiation familiale. En l'espèce, cette décision prise par le juge ne doit pas nous surprendre. Ce dernier ne fait que s'appuyer sur une jurisprudence plus ancienne, celle du TGI de La Rochelle de 1988[20], pour une affaire identique. Les premiers juges novateurs qui ont utilisé la médiation se sont appuyés sur l'article 21 du nouveau code de procédure civile, qui dispose : « *Il entre dans la mission du juge de concilier les parties* ». Cet article investit le juge d'une mission générale de conciliation. Fort de ce pouvoir, il peut proposer, voire imposer un premier entretien d'information à la médiation. Les ordonnances promulguant la nomination de médiateurs se sont succédé, en particulier en provenance du TGI et de la cour d'appel de Paris[21]. Cette pratique prétorienne qui consiste en une interprétation extensive de l'article 21 du NCPC a même été avalisée par la Cour de cassation dans un arrêt du 16 juin 1993, arrêt d'autant plus important qu'il propose une première définition de la médiation : « *La médiation, qui permet d'assurer, avec l'aide d'un professionnel, la confrontation des points de vue respectifs des parties pour parvenir à un accord, est une modalité de processus de conciliation.* » La loi du 4 mars 2002 en son article 372-2-10 du code civil a validé cette pratique. Tout le travail du médiateur consiste ensuite à transformer l'injonction en besoin. En l'espèce, le médiateur écoute la souffrance de ces grands-parents, mais les aide aussi à se resituer dans le système de parenté. La lutte des places est assez vite apaisée, la belle-fille ne s'opposant pas à un maintien des liens.

Ce bref exemple trouve sa place dans les modifications de la société. Lors d'un colloque sur les solidarités entre les générations, Martine Ségalen[22] aborde le problème des conflits autour des petits-enfants, notamment lorsque le divorce des parents fait éclater la famille. Elle note « qu'ethnologues et psychologues sont d'accord sur ce point. Il n'y a pas de lien inter-générationnel sans lien parent/enfant. La filiation en tant qu'allocation des places dans l'ordre des générations ne se suffit donc pas à elle-même ; elle renvoie à la totalité du social. Notre société, qui abrite maintenant trois ou quatre générations coexistantes, ce qui est une première historique, a de plus en plus de mal à bien cerner cette filiation. » La complexité de quelques génogrammes l'illustre aisément. Dans certains cas, les grands-parents sont les réparateurs de ce lien de filiation, mais ils en sont aussi parfois les agents de maltraitance, lorsqu'ils empiètent sur la place des parents. Ils en sont alors les victimes, car ils ne voient plus leurs petits-enfants, constate Martine Ségalen. D'ailleurs, des associations commencent à voir le jour en France pour appréhender ces enjeux et aider les personnes. Notons que la lutte des places est d'autant plus rude que les axes de la dépendance sont multiples : affectif certes, mais aussi financier. Une enquête Insee[23] (Herpin-Déchaux 2004) montre qu'environ 130 000 très jeunes ménages – soit 14 % des 936 000 ménages où la personne de référence a moins de 25 ans – voient plus de la moitié de leur consommation couverte par un effort financier en provenance de leur entourage. L'aide familiale peut donc occuper une place prépondérante dans le budget des moins de 35 ans, ce qui n'aide pas au processus de séparation-individuation, si valorisé dans notre société. Fort de cet apport qui fait vivre le jeune couple, les grands-parents peuvent empiéter sur les pratiques éducatives parentales, voire vouloir gérer les rapports conjugaux. Les liens en famille ne sont jamais exclusivement affectifs ; l'aspect financier y imprime aussi sa marque.

Demandes croisées de médiation

La médiation familiale est complexe dans ce registre, il est parfois nécessaire qu'elle soit co-animée. Notons que nous employons ici le terme de co-animation dans un sens différent de la pratique anglaise. Dans la médiation familiale, où il existe deux types de problèmes, ceux d'ordre affectif et ceux d'ordre juridique, il est d'usage que ce travail en équipe comporte un spécialiste des sciences sociales et un professionnel du droit, le plus souvent un avocat.

> Telle est la pratique de la co-médiation familiale retenue pas la « Family Mediators Association », en Grande-Bretagne. Le procédé de la co-médiation est utilisé en France par certaines associations, à savoir l'E.P.E. et l'A.P.M.E. Chaque médiateur a son rôle dans le processus, l'un dirigeant le processus de médiation et l'autre le facilitant. Le « facilitateur », dénommé « facilitator » en anglais, est l'activité qui concerne le juriste, l'autre professionnel étant chargé de diriger le processus[24] ». (Benoiton-2002)

La co-médiation a un coût non négligeable, ce qui explique sa faible expansion. Dans la situation que nous relatons, l'un des médiateurs a une formation d'éducateur spécialisé et de conseiller conjugal et familial, l'autre a également une formation d'éducatrice ; aucun d'entre eux n'est juriste. Curieusement, deux demandes vont se croiser : celle du fils qui se plaint de la désertion de ses parents auprès de leurs petits-enfants ; celle des grands-parents qui revendiquent de voir leurs petits-enfants. Curieux malentendu et dialogue de sourds, puisqu'à première vue tout le monde demande la même chose ; il ne devrait donc pas y avoir de conflit. En quoi la médiation s'impose-t-elle ? Devant ces deux demandes non articulées et pourtant complémentaires, les médiateurs décident de mettre en place une co-médiation et d'évaluer prioritairement la demande du jeune couple qui a signalé que la rivalité s'ancrait dans un contexte d'interculturalité (Madame est sénégalaise, Monsieur est vendéen), qui oppose les deux familles. La co-médiation est décidée lorsque la problématique paraît trop lourde (violences suspectées), qu'une fragilité (de type clinique) est décelée chez l'un des membres du couple, ou lorsque deux demandes se chevauchent et augmentent, comme dans l'exemple suivant, le nombre des participants. Ceci posé, et suite aux entretiens visant à évaluer les effets de la médiation, sur lesquels nous reviendrons, nous pouvons nous demander si la pratique de la co-animation ne devrait pas être systématisée. De nombreux couples nous ont signalé en effet l'importance d'avoir un interlocuteur médiateur de même sexe, susceptible de comprendre leurs émotions, d'être dans une écoute plus centrée sur leur seule personne, au moment de la réception des griefs formulés par l'ex-conjoint.

Romain et Véronique, un couple mixte

Romain et Véronique se sont rencontrés à Dakar, au Sénégal, en 1997. Véronique était déjà mère d'un enfant, Paul qui a huit ans. Romain est ingénieur agricole, en coopération à Dakar, avec un contrat de travail peu rémunéré. Véronique tient un bar-restaurant. En août 1998, ils font vie commune et font le choix d'avoir un nouvel enfant. Très rapidement, ils envisagent leur mariage en Afrique. Romain invite ses parents qui viennent en octobre 1999, accompagnés des deux frères de Romain. À cette époque, Romain est en fin de contrat, il est déprimé et a du mal à comprendre les Africains dans le milieu du travail; il dit avoir le mal du pays. Cependant, il a promis à Véronique de vivre à Dakar, après leur mariage. Il confie que son angoisse l'a fait déraper à l'arrivée de ses parents. Il s'en remet à eux et les sollicite financièrement pour l'organisation du mariage. Les parents sont surpris de l'état de Romain et de la façon de vivre des Africains. « *Cela n'a pas collé du tout de part et d'autre* », dit Romain qui, de façon très régressive, se range à l'avis de ses parents et accepte de revenir en France, marié ou non. Le mariage a cependant lieu, mais une bousculade entre le beau-père et Véronique se produit quelques jours auparavant. Véronique est sommée de s'excuser et le vit comme une injustice. Romain retourne en France, sans ressources et sans travail, avec ses parents. Ceux-ci paient, à la demande de leur fils, le billet de retour de Véronique qui arrive chez eux trois semaines plus tard. Le choc des cultures continue, et la confrontation est cette fois racontée par Véronique. Celle-ci a le sentiment d'être « la sauvage » ; sa belle-mère, chef du clan, lui indique tout ce qu'elle doit savoir et apprendre pour être civilisée. Elle se sent seule et rejetée. Ce n'est plus l'homme et le mari qu'elle perçoit en Romain, mais un individu en position d'enfant face à ses parents.

Aujourd'hui, les griefs sont identiques et s'accompagnent d'une absence de vie sexuelle depuis plus d'un an. Véronique reproche à Romain de n'avoir pas pu la faire exister dans son histoire familiale. Pour Romain, la situation actuelle n'est pas seulement due à la venue de Véronique en France, mais plutôt à sa propre problématique d'enfant, à l'absence de séparation-individuation qui l'empêche de se vivre comme sujet. Romain a le sentiment que ses départs dans les pays lointains ont toujours correspondu à son besoin de fuir le milieu familial. Peu reconnu, peu valorisé par ses parents, il pense qu'il n'a jamais correspondu à l'image de l'enfant idéal qu'ils projetaient sur lui, et il demande aux médiateurs de l'aider à faire ce premier bilan. Ce n'est donc pas en tant que grands-parents, mais en tant que parents que Monsieur et Madame J. rencontrent leur fils, comme s'il fallait détricoter les liens de la filiation, épurer la dette, avant de pouvoir envisager de tricoter le transgénérationnel. Sans être psychanalyste, Romain ne se trompe pas d'analyse. Sylviane Giampino[25] différencie la construction du sujet de la construction de la personne. « La construction du sujet est du registre de la filiation. La construction de la personne est de la responsabilité de tous ceux qui entourent les enfants et donc du monde extra-familial ». L'auteure ajoute qu'on est parent en fonction des parents que l'on a eus, dans une sorte de transmission de choses dites, non dites, sues, non sues… même si « à chaque génération chacun apporte sa pierre, du nouveau, dans la transmission ». Avec d'autres mots et d'autres repères terminologiques, le sociologue ne dit pas autre chose quand il parle d'habitus, de transmission de modèles. Romain interroge non seulement les modèles éducatifs transmis (« dans le monde rural, on n'exprime pas ses sentiments »), mais aussi la place de chacun. La place de ses grands-parents (« Je sentais bien que papy et mamy maternels ne s'entendaient pas avec maman. Elle n'était pas reconnue ») comme celle de sa mère (« Je sentais la souffrance de maman qui avait abandonné son métier de professeur d'économie pour venir à la ferme. Elle me disait qu'il fallait sortir de la ferme, réussir à l'école, il fallait que je sois bon. À mes yeux, mon père ne réussissait pas puisqu'il était un paysan et je le dépréciais à cette époque »). Enfin, Romain interroge sa propre place qu'il a cru trouver dans la distance géographique : « J'ai eu le déclic pour l'Afrique, j'étais loin de vous et cela a été du repos. » Il évoque ensuite son mariage, le retour, la cohabitation difficile avec Véronique, le passage de ses parents en son absence et une nouvelle altercation violente avec échanges de coups entre Véronique et ses parents. Le dernier acte pose encore la question de la place, lorsque Romain demande à ses parents des excuses, une lettre à laquelle ceux-ci ne répondent pas. D'où l'ultime interrogation de Romain : « Comment peut-on ne pas répondre à un fils ? Étais-je si peu important à vos yeux pour que vous n'ayez pas envie de me répondre ? »

La médiation familiale déborde de très loin les simples questions de communication. Elle met en lumière la question des liens au sein de la famille et démontre l'inanité du mythe de l'individu autonome, souverain et responsable. Dans l'histoire de Romain, les références aux générations antérieures sont multiples, comme celle de sa propre mère « non reconnue » par sa belle-mère, qui rejoue avec sa belle-fille le même scénario. Belle-mère et belle-fille partagent la même trajectoire sacrificielle. Elles auront par le mariage perdu un peu de leur individualité : la première en abandonnant sa situation de professeur, la seconde en quittant son pays. Une curieuse analogie que la médiation familiale ne peut rejeter en se réfugiant derrière l'idée qu'elle n'offre pas une thérapie. Cette situation aurait certes pu faire l'objet d'une thérapie familiale, mais à l'origine elle se présentait comme une demande de médiation centrée sur le partage de l'autorité parentale revendiquée par le père. Fallait-il réorienter cette famille, au risque de briser l'élan de la négociation possible ? Personnellement, nous accréditons la position d'Alain Ducousso-Lacaze[26] (2005) : il affirme qu'en médiation familiale « à défaut d'être en mesure d'entendre que, sur le plan fantasmatique, la parentalité implique trois générations, le risque est de renvoyer purement et simplement celui qui est en panne momentanée de modèles identificatoires à ses insuffisances, ainsi qu'à son incapacité à communiquer. » Dans la médiation familiale, il ne s'agit pas seulement de rétablir une communication rompue, mais de repérer, d'identifier cette impossibilité de dialogue. La véritable négociation ne pourra commencer que lorsque cette première étape sera quelque peu dépassée. En médiation familiale, il n'est certes pas question de faire une thérapie de couple, mais il paraît illusoire de méconnaître les termes du conflit, de gommer les malentendus liés aux scénarios de vie. La première séance, plutôt axée sur le récit de l'histoire conjugale, fait émerger tout ce contentieux, à charge pour les séances ultérieures de dessiner un avenir. Dans l'histoire de Romain, personne n'occupe la place espérée. Ni Romain qui, contre ses parents, va chercher en Afrique une nouvelle alliance ; ni ses parents qui occupent une place de parents, mais non celle de grands-parents. On comprend dès lors pourquoi la demande de « grand-parentalité » ne peut aboutir, ni d'un côté ni de l'autre. Les petits-enfants ne sont que la face visible d'un conflit qui se joue dans les générations antérieures. On peut même se demander s'ils n'en sont pas que le prétexte. C'est pourtant à partir d'eux et de la demande de visite que va pouvoir se renouer un dialogue interrompu, rendu possible par la posture contenante des médiateurs et le cadre de la médiation familiale.

Qui suis-je pour toi ?

En reprenant les vignettes cliniques que nous avons présentées, nous proposons d'en dégager les points communs. Les histoires de vie sont certes singulières, mais à travers elles émergent des questions humaines essentielles. Nous avons la conviction que la médiation familiale ne peut se réduire à une simple technique de négociation et à une simple analyse des processus communicationnels, car elle donne à entendre les questions identitaires qui se jouent au sein de la famille. En ce sens, elle dépasse largement la seule recherche d'un accord entre adultes qui divorcent, même si *in fine* cet accord reste important. Claire et Maxime, Michelle et Florian, Monsieur et Madame D. et leur fils Dimitri, Romain et Véronique..., tous sont en difficultés dans le processus de séparation-individuation. Tous hésitent entre ce que Cl. Dubar et I. Sainsaulieu ont appelé l'identité pour soi et l'identité pour autrui. Ces sociologues montrent que l'identité sociale est marquée par la dualité, qui peut devenir très conflictuelle lorsque l'identité pour soi (tel que je me perçois) est en opposition totale avec l'identité pour autrui (tel que les autres me perçoivent), entre l'identité assignée et l'identité revendiquée (voir tableau, p. 66). Selon nous, lutte des places et lutte pour l'identité sont liées. Lorsque Maxime veut « que rien ne change », il assigne Claire à une identité de femme au foyer, alors que celle-ci revendique un changement de place et une identité de femme autonome. Lorsque Florian revendique une identité d'artiste et une place créative, Michelle aspire à un homme *secure*, en place de fonctionnaire. Lorsque Romain ambitionne de prendre une identité autonome, il est aspiré par l'identité infantile qui lui colle à la peau. Et que dire de Maxime qui, le soir de son mariage, pleure en silence ? Quelle place a-t-il perdu ? Quelle place craint-il de prendre ?

Notre vocabulaire traduit fort bien le conflit entre la place assignée et la place revendiquée. Du côté de la place assignée, nous trouvons les expressions : « il faut rester à sa place ; remettre quelqu'un à sa place ; tenir sa place ; si j'étais à votre place voici ce que je ferai »...Toutes ces formules montrent combien l'autre doit demeurer là où on l'attend, là où il est prévisible qu'il soit. Du côté de la place revendiquée, nous disons volontiers : « se faire sa place ; prendre la place (se substituer à) ; entrer dans la place ; être maître de la place »... Les mots traduisent bien la violence de la lutte pour obtenir la place revendiquée. Toutes les places ne se valent pas. Le bon peuple, qui sait se consoler à l'occasion par des phrases merveilleuses (« Quand il y en a pour un, il y en a pour tous »), sait aussi en dénoncer le stratagème en disant qu'il y a « des places au soleil », et d'autres à l'ombre. Certaines places ne sont que des strapontins, d'autres sont des trônes, des « positions haut placées ». Claire l'exprime à sa façon en disant de Maxime « qu'elle n'osait pas le regarder dans les yeux, qu'il avait une position haute ».

Toute place assignée ou revendiquée, assumée ou non, dépend des représentations, de l'idée que chacun se fait de l'autre (actes d'attribution), des schémas de typification (Berger et Luckman, 1966) que nous utilisons. Par typification, nous entendons les catégories que nous utilisons spontanément pour identifier les autres, selon les champs sociaux. Ainsi dans le champ religieux, nous utilisons pour distinguer les êtres les catégories : pratiquant/non pratiquant, catholique/protestant... ; dans le champ politique, nous classons les gens en gauche/droite ; dans le champ du travail en actif/inactif, salarié/non salarié... Ces catégorisations implicites ou explicites contribuent à donner à chacun une place, que les individus peuvent certes contester, mais à partir de laquelle ils se définissent. Dans le champ de la famille, ces catégorisations existent, tant pour évoquer la place de la femme, de la mère, que pour nommer celle de l'homme, du père, des enfants (l'aîné, le second, le petit dernier). Le médiateur n'est pas à l'abri de ces catégorisations implicites ; il est le témoin des transactions objectives et subjectives autour de ces identités assignées, proposées, incorporées, assumées, refusées, rejetées. La médiation familiale est dès lors plus complexe qu'une simple négociation autour de conflits de valeurs ou d'intérêts. Si la typologie de Jean-François de Six, que nous avons présentée au chapitre 1, est pertinente, elle est selon nous insuffisante, car elle ne spécifie pas la singularité de ces conflits inscrits au cœur des filiations et des alliances, là où se construit et se déroule l'identité des sujets. D'autre part, le médiateur ne peut faire l'économie des valeurs portées dans la médiation. D'une certaine façon, celle-ci aussi assigne les individus, les parents, à une certaine identité, celle d'un adulte pacifié, raisonné, responsable, occupant une place fiable et pérenne auprès d'un enfant qui est devenu le pivot de la famille. Le modèle est exigeant. Ceux qui ne peuvent le tenir seuls viennent chercher de l'aide, mais tous ne pourront s'y conformer et certains ne reviendront pas, car ils préfèrent la logique de l'opposition ou ne peuvent renoncer aux notions de faute et de torts, à la place de victime désignant le coupable.

Avons-nous épuisé les cas de figure rencontrés en médiation familiale ? À l'évidence non, car les médiateurs entendent aussi des situations que nous appellerons atypiques quant aux âges concernés ou à l'objet du conflit.

La médiation familiale élargit son champ d'intervention

Pour l'opinion publique, la médiation familiale concerne d'abord les couples avec enfants. Certains professionnels partagent cette vision : en lisant l'évaluation d'une année de médiation par Jean-Luc Viaux et Annie Paillette (2005), on ne peut qu'être sensible aux items utilisés pour définir les familles. Celles-ci sont exclusivement repérées par le nombre, l'âge et la domiciliation des enfants. Les personnes n'existent qu'en tant que parents, sans âge et sans statut social, ce qui ampute, selon nous, l'évaluation de données fondamentales. Notre propre recherche montre que ce sont surtout les classes moyennes, voire les milieux populaires qui fréquentent la médiation de la Sauvegarde 44, ce qui ne préjuge en rien des autres lieux de médiation.

Catégories d'analyse de l'identité

Processus relationnel	Processus biographique
*	*
*	*
Identité pour autrui	Identité pour soi
*	*
*	*
Acte d'attribution « Quel type d'homme ou de femme vous êtes ? » = dit-on que vous êtes ?	**Acte d'appartenance** « Quel type d'homme ou de femme vous voulez être ? » = dites-vous que vous êtes ?
*	*
*	*
Identité - numérique (nom attribué) - générique (genre attribué)	Identité prédicative de Soi (appartenance revendiquée)
*	*
*	*
Identité sociale « virtuelle »	Identité sociale « réelle »
*	*
*	*
Transaction objective entre - identités attribuées/proposées - identités assumées/incorporées	**Transaction subjective** entre - identités héritées - identités visées
*	*
*	*
Alternative entre - coopération-reconnaissances - conflits-non-reconnaissances	Alternative entre - Continuités → reproduction - Ruptures → production
*	*
*	*
« Expérience relationnelle et sociale du POUVOIR »	« Expérience des stratifications, discriminations et inégalités sociales »
*	*
*	*
Identification à des institutions jugées structurantes ou légitimes	Identification à des catégories jugées attractives ou protectrices
*	*
*	*

Identité sociale marquée par la dualité

En règle générale, on n'imagine pas que la demande de médiation puisse se décliner dans le champ dit du troisième âge, censé être émotionnellement raisonnable et sage, loin des passions incendiaires, mais nous avons vu que les personnes âgées pouvaient être concernées par la médiation familiale, dans le cadre de la grand-parentalité. En effet, si la loi de 1970 permet aux grands-parents de saisir la justice pour maintenir des liens avec les petits-enfants, la médiation familiale entend aussi les personnes âgées, et même depuis peu dans le cadre des séparations conjugales tardives. Là encore, la médiation familiale enregistre les métamorphoses de notre société; elle peut en être un observatoire. La longévité des personnes âgées les confronte à la durée de l'union, bien au-delà de l'espérance de vie du prince charmant. Dans l'absolu, la durée potentielle de vie à deux est de 45 ans pour ceux qui se marient aujourd'hui; elle n'était que de dix-sept ans au milieu du XVIIIe siècle. La chanson de Léo Ferré, *Avec le temps,* est plus que jamais d'actualité:

Avec le temps
avec le temps, va, tout s'en va
l'autre qu'on adorait, qu'on cherchait sous la pluie
l'autre qu'on devinait au détour d'un regard
entre les mots, entre les lignes et sous le fard
d'un serment maquillé qui s'en va faire sa nuit
avec le temps tout s'évanouit...

Le divorce des plus de 60 ans ne surprend plus. Durant ces dix dernières années, le taux de divorce des 60 ans ou plus a augmenté de 28 % chez les femmes et de 39 % chez les hommes. Toutefois, cette croissance est bien moindre que chez les quinquagénaires, où les taux ont presque doublé.

Les médiateurs ont à entendre des conflits de patrimoine, mais aussi des blessures et des angoisses de solitude liées à des fins de vie. Parfois, la négociation porte non sur un enfant, mais sur le partage d'un chien ou d'un chat, objet de tous les litiges. L'histoire pourrait faire sourire si nous méconnaissions la place affective prise par l'animal dans certaines familles. Ne s'agit-il pas en tout premier lieu de préoccupations ou d'histoires humaines ?

Enfin, la médiation familiale navigue au sein de la multiplicité des catégories définies par l'Insee. Rappelons qu'au recensement de 1999 le couple était « exclusivement mixte et composé d'un homme et d'une femme vivant ensemble ». Depuis 2004, le couple peut être composé de deux personnes du même sexe ne vivant pas nécessairement sous le même toit (*living apartogether*). Les médiateurs s'occupent ainsi des séparations difficiles de couples homosexuels ou de couples dont l'un des parents assume aujourd'hui son homosexualité.

De l'hétérosexualité à l'homosexualité

Tel est le cas de Monsieur et Madame D., parents de Paula. Il y a peu de temps, Monsieur D. a annoncé à sa femme sa décision de se séparer pour vivre avec un compagnon. Madame dit son effondrement, mais aussi ses craintes pour les visites de sa fille dans ce contexte d'homosexualité. Les peurs face à la sexualité s'expriment sans détour et de façon crue, d'autant que Paula est susceptible d'accompagner son père et son nouvel ami, en Asie, pendant les vacances. « Où dort Paula ? Que sait-elle de votre relation ? Quels gestes avez-vous devant elle ? » Les questions de la mère fusent, mettant en cause les valeurs, les choix de vie. La question de la confiance est au centre des débats, et le rôle du médiateur est de permettre l'expression de toutes ces peurs, tues mais actives dans les interactions. « Si nous savons comprendre avant de condamner, nous serons sur la voie de l'humanisation des relations humaines », dit Edgar Morin. Peut-être est-ce là une des fonctions de la médiation. Nous pouvons même nous demander si une médiation compréhensive entre adultes n'éviterait pas à certains enfants de vivre l'instauration de visites médiatisées avec l'un de leurs parents. C'est bien parce que la confiance ne règne pas entre adultes que l'enfant est parfois l'otage d'un aménagement quelque peu artificiel de la relation de filiation. Pour Paula, les choses sont plus simples, son père rassure sa mère sur la qualité de sa paternité, indépendante de sa propre sexualité.

Cette fonction de compréhension est fondamentale dans les demandes de négociation engagées par le juge dans des affaires pénales en cours. La médiation familiale n'est pas en rivalité avec la justice ; elle en est parfois le complément, offrant aux familles un espace délimité, en parallèle avec la scène judiciaire. L'inscription des médiateurs de la Sauvegarde 44 dans le champ de la protection de l'enfance n'est pas étrangère à l'émergence de ces demandes singulières. Les juges utilisent leur réseau de prestataires pour pallier l'encombrement des tribunaux, offrir des lieux d'écoute où la négociation peut dérouler plus calmement son tempo, confier des situations complexes où l'écoute des enfants est primordiale. Ainsi, certains juges d'instructions ou psychiatres invitent les personnes victimes d'agressions sexuelles intrafamiliales à raconter leurs souffrances, face à leur agresseur, dans un cadre confidentiel, circonscrit et sécurisant. Les médiateurs familiaux doivent alors se situer vis-à-vis du système judiciaire et pénal, ce qui n'est pas aisé. Nous y reviendrons lorsque nous aborderons les particularités de la médiation inscrite dans une structure de protection de l'enfance (chapitre 5)

Multi-facettes, la médiation ouvre ses portes largement sur des configurations familiales de plus en plus complexes. Le médiateur se trouve ainsi confronté à des modèles de familles surprenants, ingénieux, mais aussi en échec. À lui de savoir naviguer dans tous ces méandres, en faisant le pari de ne nuire ni aux uns ni aux autres, indépendamment du modèle choisi.

3

Liens d'amour, liens de haine

Pour changer en amour notre amourette,
il s'en serait pas fallu de beaucoup.
Mais, ce jour-là, Vénus était distraite.
Il est des jours où Cupidon s'en fout.

Dans l'article cité plus haut, Alain Ducousso-Lacaze s'étonne du silence des théoriciens de la médiation familiale sur les liens au sein de la famille. « Qu'est-ce que le lien conjugal ? Qu'est-ce que le lien de filiation ? Qu'est-ce que la parentalité ? Ces questions ne sont pas posées… Pourquoi s'en tenir à une réflexion sur la communication ? Et pourquoi se priver des apports de tout un champ d'étude de la famille ? » A. Ducousso-Lacaze précise que sa critique « concerne une certaine manière de penser la médiation familiale, et non la médiation familiale en elle-même. » Nous adhérons à cette critique, qui permettrait d'éviter un certain comportementalisme ambiant, visant à coacher les individus pour qu'ils soient plus performants et plus communicants. En médiation familiale, il convient de penser la spécificité des liens familiaux pour pouvoir différencier ce mode d'intervention des autres interventions sur la famille.

Qu'est-ce qu'un lien ?

Selon la définition usuelle, la médiation familiale se présente comme « un processus de construction, reconstruction du lien familial ». La définition a privilégié le singulier, parlant « du lien familial ». Mais faut-il parler du lien ou des liens ? Privilégier le singulier ou le pluriel ? Par familial, qui visons-nous ? Les personnes apparentées par des liens institués ou celles qui vivent sous un même toit et ont noué des liens affectifs ? Nous référons-nous à une famille légale ou élective ? Ces questions peuvent sembler superfétatoires et pourtant elles ne sont pas qu'un simple exercice de style. À y regarder de plus près, il semble bien que, lorsque nous parlons de « construction, reconstruction du lien familial », il s'agit du lien de filiation à l'exclusion de tous les autres attachements. Le lien, le maintien *du* lien, fait référence à la spécificité, l'unicité du lien parents-enfants, celui-ci prenant alors une valeur surajoutée. Le lien de filiation est certes un lien indéfectible, une obligation. Il introduit l'enfant dans une lignée, une généalogie, une histoire familiale qui dépasse sa propre existence. Socialement, il confère un nom de famille, inscrit des droits et des devoirs, participe à la construction de l'identité.

S'il existe bien, il n'est pas le seul. Les débats actuels autour de « l'accouchement sous X », la recherche des origines, montrent que ce sujet constitue un enjeu dans notre société. Par lien de filiation on entend souvent le lien biologique, censé être le plus remarquable. À cette conception s'opposent les tenants du respect des liens affectifs tissés au quotidien. C'est bien pour contrecarrer cette idée de la suprématie du lien de filiation, pour affirmer que d'autres liens existent, non reconnus encore par le droit, non légitimés, mais bien réels que la notion de « pluriparentalité » a été inventée. Reste à savoir s'il faut privilégier un lien plutôt que d'autres, introduire une hiérarchie entre eux, alors qu'ils ne sont pas de même nature. Il faut alors se demander de quels liens s'occupe la médiation familiale. Quel espace revendique-t-elle ? L'espace étroit du maintien du lien de filiation institué, ou l'espace élargi des liens d'attachement construits dans ce qui fut un jour « une famille » ?

Pour une lecture plurielle des liens d'attachement

Nous privilégierons le pluriel pour rendre compte de la diversité des liens qui se nouent et se dénouent en famille. Il est d'ailleurs curieux de constater l'engouement actuel pour ce vocable (ainsi, on parle sans cesse de lien social) alors qu'il n'existe aucune définition du concept de lien. Les cliniciens lui préféreront sans doute le concept « d'attachement », mieux repéré et mieux défini. On ne trouve dans les dictionnaires de psychologie qu'une définition succincte du lien, et encore dans un contexte précis, celui du double lien, c'est-à-dire de la double contrainte (amour/haine). Le double lien, en psychologie, est une situation inextricable, contraignante pour les intéressés, qui ne peuvent ni se séparer, ni vivre ensemble en harmonie. Il faut donc qualifier les liens, repérer leurs aspects positifs, mais aussi négatifs. Le dictionnaire nous rappelle qu'ils unissent, traduisent des affinités, une appartenance ; être d'affection, de solidarité, mais aussi de convenance, d'intérêt; devenir des formes d'assujettissement, des garrots, des ligatures... Repérer la teneur des liens parents-enfants, père-mère, homme-femme, devient donc l'un des enjeux de la médiation familiale. La phrase si souvent entendue, « Ils sont attachés à leur enfant », ne dit rien de la nature des liens existants. Elle est seulement le constat qu'il ne s'agit pas d'indifférence, que des émotions à entendre et comprendre sont à l'œuvre. Il est donc moins question, dans la médiation familiale, de « construire » ou « reconstruire » du lien à tout prix que d'aménager un quotidien. Aménager et non « soigner » comme peut l'envisager un thérapeute familial. Aménager et non construire, car le médiateur n'est pas un bâtisseur de relations. Où pourrait-il prendre ce pouvoir de démiurge ? « Le médiateur familial ne peut jamais être un bricoleur, même génial[1] ». Cette remarque de Claude Lienhard en dit beaucoup sur la difficulté de cette profession de médiateur familial. Tout au plus peut-il faire en sorte que la souffrance desserre un peu son étreinte pour penser l'avenir, pour que demain existe.

À la multiplicité des liens qui se jouent en famille, nous faisons une place à part aux liens fraternels, horizontaux qui se déploient dans la communauté des enfants. À juste titre, les chercheurs qui s'y intéressent dénoncent leur non-prise en compte. Les frères et les sœurs sont les négligés du roman familial; leurs relations ne sont pensées que dans la dimension verticale, c'est-à-dire dans le rapport aux parents. Dès lors, avec de nombreuses redites, les recherches ne mettent l'accent que sur les relations de rivalité entre les enfants et omettent d'analyser les relations de complicité, les jeux, les fonctions remplies par le groupe fraternel. Michel Lemay[2], dans son livre *Famille, qu'apportes-tu à l'enfant ?*, s'attache aux apports spécifiques de ce groupe fraternel et note, parmi d'autres aspects, que « la fratrie est un lieu d'apprentissage de la sexualité et de son contrôle » et qu'un membre de la fratrie peut constituer une figure d'attachement déterminante. En médiation familiale, rares sont les écrits sur cette dimension, et pourtant tout nous inciterait aujourd'hui à nous y intéresser. La réduction des fratries, mais aussi leur réorganisation dans les familles recomposées, le fait que certains enfants nomment « frères » ou « sœurs » les enfants de l'autre conjoint, doivent nous interpeller. Qu'est-ce qui fait fratrie ? Est-ce que c'est le fait d'appartenir à une même lignée, ou est-ce autre chose, comme par exemple le partage d'une certaine mémoire familiale ? Quelques études, comme celle de l'Américain Hill[3], montrent que les liens relationnels, ceux de corésidence, ou bien les deux, peuvent intervenir dans la définition de la famille. Aucune des personnes vivant dans une famille recomposée n'a la même conception des différents éléments de sa famille. L'enquête effectuée auprès d'enfants de 11 à 16 ans a révélé que 10 % des enfants n'incluaient pas un parent biologique, que 35 % ne mentionnaient pas un beau-parent vivant avec eux et que 41 % oubliaient de citer un enfant du beau-parent. Les liens sont donc à géométrie variable, et avant de décréter de l'existence ou non de ces liens, les professionnels devraient regarder ce qu'en pensent les intéressés.

Les liens d'attachement se construisent

À juste titre des auteurs comme Pierre Humbert viennent nous rappeler que les « liens ne sont finalement pas tellement déterminés par notre nature humaine, mais plutôt qu'ils se construisent, et donc qu'ils sont *contingents.* » Contingents et donc pluriels, dépendants des rencontres, mais aussi des « gestes, jeux et rituels de la vie quotidienne », ce que Irène Casati, Drina Candilis-Huisman et d'autres ont appelé « la naissance de l'amour partagé ». Leurs conclusions méritent d'être rapportées, car, bien comprises, elles ne sont pas sans incidence sur les pratiques de la médiation familiale.

Les auteurs rappellent que « les relations entre la mère et son bébé, et entre le père et son bébé, débutent chaque jour dès qu'il se réveille selon un cérémonial qui se déroule tout au long de la journée… Ce rituel est très important, car il lie les membres d'une même famille à travers des situations concrètes vitales, et c'est à partir de lui que l'enfant établira peu à peu ses propres repères ». Anne Muxel[4], dans un très beau livre intitulé *Individu et mémoire familiale*, souligne l'importance de ce vécu partagé dans la constitution des liens. Ce vécu, qui dit-elle, est mémorisé et fait resurgir « comme par magie, des odeurs et des sons, une anecdote, une plaisanterie coutumière, un objet ou une photo soudainement réinvestis, la voix fantôme d'un proche avec le souvenir de ses gestes, de son corps, une recette de cuisine… autant d'évocations œuvrant comme des perches tendues pour faire ce voyage à rebours ». C'est cette discontinuité de la mémoire et des rituels que dénoncent les parents séparés de leurs enfants. La suppression des visites ou leur réduction n'est pas seulement une limitation de la parentalité sur l'axe de l'exercice, celui des droits parentaux ; elle est aussi une entrave à la fonction imaginaire, au fait de pouvoir se représenter mentalement son enfant et donc de maintenir un lien psychique vivant. C'est de cette souffrance dont viennent parler les couples en médiation, lorsqu'ils revendiquent un maintien des liens, une organisation qui permette de conserver des repères avec les enfants auxquels ils sont liés. C'est en ce sens qu'il faut entendre le témoignage de ce père, séparé de son enfant, qui dit :

> Ce n'est pas qu'on a perdu l'instinct paternel, mais des fois on se demande ! On ne connaît plus le gamin, on ne sait plus comment se tourner, c'est monstrueux ! Avec les grandes, je les avais tous les week-ends, la continuité était toujours là, mais je n'ai pas eu le petit, et quand on n'a pas vu son enfant pendant X temps à la maison, on ne sait plus comment faire, on essaie de faire bien ; puis on rate…

Ce témoignage nous rappelle que l'attachement s'appuie à la fois sur du quotidien et sur des représentations imaginaires de l'autre quand il est absent. Un autre exemple pourrait être donné au travers de l'histoire de Monsieur Renaud, beau-père d'un enfant pour lequel il revendique la permanence des liens, jusqu'à vouloir contribuer financièrement à son éducation. Il est débouté par le tribunal qui se déclare incompétent et le renvoie à la fois vers une procédure familiale et une procédure contentieuse. Cette histoire pose aussi la question du lien vu sous le regard du *Petit Prince* de Saint-Exupéry, qui nous rappelle « qu'on est responsable de ce que l'on a apprivoisé ».

La médiation familiale tente de réintroduire de la continuité, de construire ou reconstruire non du lien, mais de la temporalité qui permette aux liens de survivre. Cette temporalité a besoin d'être pensée, scandée, et c'est là que la médiation peut jouer un rôle central qui va au-delà de la loi. Maryvonne David-Jougneau définit joliment la médiation comme « une approche dialectique de l'Être-Temps » (2004). Cette dialectique va plus loin que la loi. En effet, la convention des droits de l'enfant de 1989 n'évoque en son article 9-3 que la situation de l'enfant de parents divorcés, et reconnaît à celui-ci le « droit d'entretenir régulièrement des relations personnelles et des contacts directs avec ses deux parents ». La loi ne dit rien des enfants des familles recomposées. Elle est également muette sur le côté pratique du maintien de ces liens. Le flou règne sur l'aménagement de ces liens créés au fil du temps. Faut-il les laisser au hasard des désirs des uns et des autres ? La solution est possible lorsque le contentieux n'est pas trop lourd ; la famille reste alors du domaine du privé. Lorsque les adultes ne sont plus en mesure de se dégager de leur ressentiment, l'affaire devient semi-publique par la médiation, voire une affaire publique lorsque la justice s'en mêle et tranche.

Quels liens, quels types de familles ?

Ce qui fait qu'une situation familiale emprunte un parcours plutôt qu'un autre est peut-être à lire dans la construction des liens durant la vie commune. Les travaux de Kellerhas (2004) et Montandon (1991) sur les styles de familles seraient utiles aux médiateurs. Ils distinguent quatre genres de familles : de type bastion ; de type association ; de type compagnonnage ; de type parallèle :

– les familles dites de type « bastion » sont caractérisées par la fermeture et la fusion. Si l'extérieur est vécu comme dangereux, elles développent une forte solidarité interne ; les satisfactions des uns sont définies par rapport celles des autres ; on y partage les mêmes activités et les mêmes goûts. Elles ne sont pas habituées à négocier sur le plan individuel, mais privilégient l'appartenance groupale. Dans ces familles, où tout se joue en interdépendance, la séparation est une amputation et le conflit en est d'autant plus vif. Loin du modèle « associatif-négociateur » que valorise notre société, ce type de famille (mais ce n'est pas le seul) alimente les procédures contentieuses, qui pour mémoire sont de 70 000 divorces par année. Comment ces familles pourraient-elles imaginer sans frémir la circulation des enfants, l'entente cordiale dans la séparation, alors que tous leurs repères viennent d'éclater ?

– dans les familles de type « association », c'est l'inverse qui prévaut : le groupe se caractérise par l'ouverture et l'autonomie. Chacun y cultive son indépendance et ses spécificités, et va chercher à l'extérieur des centres d'intérêt. Ce type de famille, où la contractualisation et l'idéal de démocratie sont les valeurs prônées, pourra sans doute se plier plus facilement à la règle de la séparation négociée. Peut-être même pourra-t-elle trouver des solutions sans l'aide du médiateur.

– dans les familles de type « compagnonnage » la fusion et l'ouverture s'allient. Les relations extérieures sont appréciées, mais dans la mesure où elles alimentent le groupe familial. Ce sont ces familles qui reçoivent les copains des enfants, invitent et utilisent cet apport extérieur pour enrichir la communication interne. À mi-chemin entre plusieurs modèles, elles peuvent se saisir de la médiation comme mode de résolution des conflits.

– enfin, dans les familles de type « parallèle » la fermeture sur l'extérieur est maintenue, associée à une autonomie interne. La famille est repliée sur soi, mais chacun des membres a ses territoires propres et ne les partage pas avec les autres. Ces familles qui se méfient de l'extérieur sauront-elles faire appel à un médiateur ?

Ces différents types de familles, et peut-être en existe-t-il d'autres, développent une organisation quotidienne, qui n'est pas sans incidence dans la façon de « faire famille » et d'envisager la séparation. La médiation familiale s'inscrit dans un courant qui valorise l'entente parentale au-delà du désamour. Benoit Bastard (2005) a raison de noter que « se profile un modèle particulier et rigide du fonctionnement du couple et de la famille. Tout se passe comme s'il était attendu des parents qu'ils s'inscrivent dans un modèle familial de type contractuel », c'est-à-dire capable de négocier sur tout, en faisant preuve de discernement, de jouer à la fois la carte de l'individualité et celle du maintien de liens pacifiés. L'auteur ajoute que « la médiation familiale n'a pas inventé ce modèle de couple et de la famille... Elle n'en est pas non plus le seul promoteur. Cependant, elle s'inscrit parfaitement dans ce modèle et elle en constitue même la figure emblématique, dès lors qu'il s'agit de gérer les réorganisations que nécessitent la séparation et le divorce ». Faire cette analyse n'est pas disqualifier la médiation, mais relativiser la notion de « neutralité » qui est prônée comme un principe constitutif de la médiation, principe sur lequel nous reviendrons au chapitre 5. Si le médiateur est impartial dans l'écoute des personnes, il n'est pas neutre dans la mesure où il croit en ce qu'il fait et au bien-fondé de la négociation comme principe de résolution des conflits. Combien de familles sont-elles susceptibles d'adhérer à ce modèle du divorce « *soft* », du divorce négocié ? Difficile de le dire tant certains auteurs parlent d'un risque d'engorgement des consultations de médiation, alors que d'autres parlent d'un échec de l'intervention. Benoit Bastard, déjà cité, évoque le chiffre modeste de 5 000 médiations réalisées en 2002[5] par une vingtaine d'associations importantes, ce qui ferait une moyenne de 250 interventions par an pour chaque association. Sur ces 5 000 médiations, 3 500 seraient volontaires et 1 500 ordonnées par un juge. Nous sommes loin du pays de Confucius et de « l'effacement du droit ». C'est à un changement de philosophie auquel nous invite la médiation familiale. Or, rien n'est plus compliqué que de changer les représentations.

La médiation comme organisation d'une nouvelle parentalité

Enfin, nous ne saurions clore cette réflexion sur la question des liens en médiation familiale sans évoquer les travaux sur la parentalité, car la médiation s'inscrit aussi dans ce vaste mouvement dit de soutien à la parentalité qui a progressé de façon spectaculaire depuis les années 1990. Si nous reprenons l'analyse de la parentalité, développée sous la direction du Professeur Houzel et à laquelle nous avons participé, nous pouvons rappeler que celle-ci s'organise selon trois axes intriqués :

– l'axe de l'exercice de la parentalité est à la fois l'ensemble des droits et des devoirs dont hérite tout parent à la naissance d'un enfant. Mais il est aussi ce qui structure, dans une société donnée, au niveau symbolique, les places parentales et les implique dans une filiation et une généalogie ;

– l'axe de l'expérience subjective de la parentalité est celui du ressenti, le fait de se sentir ou non parent de cet enfant-là. Il implique l'affectif et l'imaginaire, rend compte des décalages qui peuvent exister entre le bébé imaginaire et le bébé réel[6]. Il rend compte de l'investissement parental sur le plan sensible et psychologique ;

– l'axe de la pratique de la parentalité comprend les actes concrets de la vie quotidienne, ces actes pouvant être délégués à d'autres personnes considérées non comme des substituts parentaux, mais comme des personnes exerçant des fonctions de « suppléance », pour reprendre la terminologie proposée par Paul Durning.

La médiation familiale est concernée par ces trois axes, même si elle se centre *in fine* sur l'organisation du troisième, à savoir les pratiques. L'intrication de ces trois axes explique les frontières poreuses entre les professions de médiateur et de thérapeute familial. Le premier axe, celui des droits et des devoirs, ne peut être totalement ignoré par le médiateur, dans la mesure où la loi constitue une des dimensions du réel à laquelle les individus devront se confronter. Dans le cas d'une médiation ordonnée par le juge, cette dimension est d'autant plus présente que le protocole élaboré en médiation sera homologué par le juge, dans la mesure où il préserve l'intérêt de l'enfant. Pour autant, le médiateur n'est pas un avocat, défendant son client, ni un juge, ce qui lui permet plus de souplesse dans la recherche de solutions novatrices, par exemple dans le cas des familles recomposées où la loi reste muette sur un bon nombre d'aspects.

L'axe de l'expérience subjective de la parentalité est souvent hypertrophié, douloureux, traversé par les sentiments de perte, de culpabilité et les risques de projections émotionnelles. Le médiateur ne pourra nier cette souffrance et refuser de l'entendre, même s'il sait que cet axe sera minoré dans son travail au profit de l'axe de la pratique de la parentalité. Ce dernier n'est pas uniquement organisationnel. Il ne s'agit pas seulement de dire qui fera quoi, quand et comment, mais aussi de se mettre d'accord sur une nouvelle définition de la parentalité, une parentalité partielle, séquentielle, alternée. La fameuse formule, « le couple parental survit au couple conjugal », est totalement illusoire et lourde de contresens, car il est bien évident que la séparation n'est pas sans incidences sur la façon même d'être parent. La séparation fait exploser le couple conjugal, mais modifie également en profondeur le couple parental, ne serait-ce que parce que les différenciations entre les modèles éducatifs des uns et des autres vont suivre leur propre mouvement. Ne serait-ce aussi que parce que la parentalité se décline sous deux toits différents, avec l'héritage de chaque lignage. Il ne s'agit donc pas tant de

« construire ou reconstruire le lien familial » que de réarticuler des positionnements parentaux et de dessiner une nouvelle parentalité. La parentalité n'est pas un état, mais un mouvement qui, lors de la séparation, subit une accélération, des changements dans l'espace et le temps, deux dimensions travaillées avec le médiateur et expérimentées tout au long de la médiation. Après un divorce, tous les axes de la parentalité subissent des perturbations, mais celles-ci sont sans doute directement visibles sur l'axe de la pratique de la parentalité qui se matérialise dans quantité d'actes concrets. Pour donner des repères aux couples en mal de fonctionnement, notre société a inventé deux concepts phares : celui d'intérêt de l'enfant et celui de coéducation. Voyons ce que signifient ces deux injonctions.

« *On ne badine pas avec l'amour* »... *de l'enfant*

L'avènement d'un nouveau mode de régulation des conflits familiaux paraît souhaitable pour un membre particulier de la famille, à savoir l'enfant. En effet, l'intérêt de l'enfant, notion magique et utilisée à l'excès, est un critère primordial à prendre en compte dans ce type de contentieux. Les psychologues n'ont cessé de mettre en évidence les difficultés rencontrées par les enfants des familles dissociées. La médiation familiale permet aux deux parents de se focaliser sur le bien-être futur de l'enfant. En ce sens, la Convention européenne sur l'exercice des droits des enfants, signée à Strasbourg le 25 janvier 1996, préconise dans son article 13 l'utilisation de la médiation familiale dans les litiges intéressant les enfants[7]. Les psychologues ont également mis en valeur le besoin de l'enfant d'être élevé par ses deux parents. Ce besoin est même devenu l'affirmation d'un droit dans la Convention internationale des droits de l'enfant de 1989. La médiation familiale, qui tient compte de cet idéal de coparentalité, permet sans doute aux pères de se faire entendre et de faire respecter leurs droits. Il faut savoir qu'aujourd'hui les trois quarts des naissances hors mariage sont reconnus par le père (dont 94 % dans la première année) contre 50 % en 1980. On ne peut, par ce chiffre, mieux montrer l'implication des pères, une implication nouvelle, mais en progression constante. Attardons-nous donc quelque instant sur cette notion de coparentalité, qui est l'un des enjeux de la médiation familiale.

La coparentalité comme horizon et idéal social

Curieusement cette notion est utilisée principalement dans le cadre du divorce. Or, la coparentalité est aussi inscrite dans la vie commune ; il ne faut pas attendre la séparation pour se rappeler qu'on est d'emblée coparents, dès lors qu'il faut être deux pour faire un enfant. Regardons dans un premier temps comment se joue la coparentalité au sein de la famille, avant d'observer son devenir lors de la rupture. Nous faisons l'hypothèse que ce n'est pas seulement le *co*, le *avec* qui pose problème, mais aussi le second terme, à savoir « parentalité ». Un enjeu en cache un autre, celui de la définition même des rôles parentaux dans notre société et de l'intérêt manifeste que ces rôles suscitent de la part des pouvoirs publics. Le terme coparentalité, sans être formellement employé, s'inscrit dans les réformes qui couvrent les années 1970 à nos jours. La loi du 4 juillet 1970 marque le début d'un match qui va se jouer en plusieurs rounds. Nous employons volontairement le terme de match, car la notion de coparentalité, en apparence consensuelle, cache des enjeux de pouvoir au sein de la famille. Dans la première partie, c'est la femme qui va prendre place sur la scène sociale et bénéficier de la notion émergente de coparentalité. Le chef de famille disparaît au profit d'une autorité parentale conjointe, même si cette égalité n'est acquise, dans un premier temps, que pour les couples mariés. En 1993, les rapports de force semblent s'équilibrer, non au sein du couple, mais entre les couples mariés ou non. La loi du 8 janvier 1993 consacre le principe général de la coparentalité. Les parents, qu'ils soient mariés ou non, divorcés ou séparés, s'ils ont reconnu l'enfant dans la première année de sa vie, exercent tous deux l'autorité parentale de plein droit. Toutefois, un temps de vie en commun après la naissance de l'enfant s'impose. Dans les années 1990, la coparentalité doit être visible, consacrée par une vie commune minimale. Le dernier round donne le point gagnant au père. De 2001 à la loi du 4 mars 2002, le législateur est en effet attentif à revaloriser le père (instauration d'un « livret de paternité » et proposition d'un congé de paternité) et consacre la possibilité de la garde alternée des enfants pour les couples séparés. L'idée de coparentalité s'impose de plus en plus avec en prime l'obligation de sa pacification par la médiation familiale, si besoin est. Tout le monde ne se réjouit pas, face à cette loi de 2002. Certaines femmes crient même au scandale et font paraître un communiqué de presse virulent, titré « Urgence, les pères attaquent ». On peut y lire ceci :

> La loi de 2002 dit qu'il faut en finir avec la puissance maternelle, assurer le respect et les droits du père. Pour nous, associations et personnalités féministes, qui sommes en prise directe avec le contexte sordide qui entoure le plus souvent les séparations et les divorces, il est inadmissible de lire de telles contre-vérités qui ne sont que la reprise d'arguments misogynes savamment distillés par les groupes de pères, qui ont été les seuls à être consultés

préalablement à l'examen de cette loi. Il y a en France 10 % de femmes battues, entre 2 et 3 millions de femmes. Sans compter toutes celles, victimes de harcèlement moral et d'insultes, dont les blessures ne se voient pas. Ces femmes sont toutes victimes d'un homme, leur conjoint, le père de leurs enfants. Elles quitteront cet individu un jour ou l'autre. C'est ce contexte-là qui, le plus fréquemment, entoure les divorces et séparations dits conflictuels. Or, comment cette nouvelle loi prétend-t-elle traiter ces situations scandaleuses ? Non pas en réclamant la condamnation et la révision des droits de ce genre de conjoints par la justice, et la protection des enfants, mais en prévoyant de donner au juge la possibilité d'imposer, même dans ces situations, des mesures de médiation familiale et de garde alternée qui permettront à l'agresseur de poursuivre ses méfaits ! Pourtant nous savons tous les conséquences dramatiques pour un enfant de contacts forcés par la justice, avec un père physiquement ou psychologiquement violent. Les contacts continus avec des pères violents expliquent probablement mieux la généralisation de la délinquance juvénile que certaines analyses douteuses cherchant l'origine de ce fléau social dans une prétendue carence de la présence paternelle systématiquement imputée aux mères ! Cette proposition de loi est marquée par un angélisme et une erreur d'analyse déconcertants. Outre les phénomènes de violence, le texte omet soigneusement d'analyser la faible implication paternelle dans les tâches domestiques et parentales à l'heure actuelle. Suffira-t-il de l'intervention d'un juge pour qu'un père peu impliqué ou violent (ou les deux) devienne un modèle de vertu et de travail ? Évidemment non. Pourtant le texte présente la résidence alternée (déstabilisante et contestée par de nombreux professionnels de santé) comme une solution idéale. Le texte ne précise aucune restriction à l'imposition de ce mode de garde, ni la distance, ni la violence de l'homme sur la femme, ou de l'homme sur les enfants, ni le conflit persistant entre les parents ne sauraient entraver sa mise en place autoritaire. Le texte se donne bonne conscience en abusant de la notion d'intérêt de l'enfant, plus que jamais devenue « coquille vide » dans laquelle on fait vraiment entrer ce qu'on veut, sauf sans doute le véritable amour des enfants !

Ce texte se termine par une demande d'abrogation de la loi. Il montre combien tout le monde n'est pas acquis à l'idée de médiation, loin s'en faut. Ce texte n'est pas si éloigné des revendications canadiennes que nous avons citées plus haut et de cette préconisation des chercheurs : « Si les gouvernements veulent continuer d'offrir ces programmes, ils doivent repenser et restructurer les services de médiation familiale pour répondre davantage à leur clientèle féminine... » On peut dès lors se poser la question du devenir du principe de neutralité et se demander « mais à qui profite la médiation familiale ? » (Bastard-2005).

Cette brève chronologie de l'émergence de la notion de coparentalité montre combien celle-ci est l'expression d'un combat, d'une lutte des places. Cette dimension n'est pas à méconnaître par les professionnels, car, qu'ils le veuillent ou non, leurs interventions vont prendre place dans ce débat. Travailler au niveau de la coparentalité, c'est déjà se situer au cœur du masculin et du féminin, des représentations sexuées que nous avons des rôles de chacun. C'est, qu'on le veuille ou non, qu'on en soit conscient ou non, intervenir dans le vieux débat, au pire de la guerre des genres, au mieux de leur articulation. Les féministes que nous venons de citer évoquent le non-partage des tâches domestiques, l'inégalité quotidienne dans la coparentalité. Sous leur plume, le *avec* doit être égalitaire, notamment dans le partage des corvées. Il est vrai que, pendant très longtemps, la question même de la coparentalité ne s'est pas posée en termes de mesure comparative des apports du père ou de la mère. Pour preuve, en 1947, la revue

Population publie le tout premier budget « Temps des femmes ». En raison du sous-équipement, une mère de deux enfants qui reste au foyer a des semaines de 80 heures et de 86 heures pour une mère de trois enfants. Les mères qui travaillent et font la double journée font des semaines de 84 à 86 heures. Et les pères, vous demandez-vous peut-être ? La réponse est que nous n'en savons rien. Dans les années 50, il n'est pas même pensable de comptabiliser leur participation, ce n'est pas leur rôle. Il y aurait sacrilège à pointer des différences qui, à l'époque, n'ont aucun sens. Il faudra attendre les années 1970 pour que l'INSEE se préoccupe de mesurer la répartition de la charge domestique au sein du couple, faisant apparaître une répartition inégalitaire durable. La coparentalité n'est pas qu'affaire de mesure en termes de temps, elle est aussi affaire de styles, de partages différenciés selon les milieux sociaux. La coparentalité est affaire de territoires masculins et féminins, plus ou moins étanches selon les couples.

La coparentalité différentielle selon les milieux sociaux

Il n'existe pas une forme, mais des formes de coparentalité. Dès lors, au nom de quelle vision normative un professionnel imposerait-il sa façon d'être parent ? *Super Nanny*, émission de télévision sur la manière de résoudre les conflits de couple, s'autorise à cette dérive. Elle dicte à des couples en mal de recettes une façon d'être parents ensemble, une façon d'éduquer. *Super Nanny* n'est pas une sociologue ni un médiateur ; elle ignore, semble-t-il, la variété des petits arrangements possibles au sein des couples et impose sa propre vision d'une vie contractualisée qu'elle affiche fièrement aux murs du domicile. *Super Nanny* formate la vie des couples là où règne la diversité. Elle s'attaque aux symptômes sans même chercher à en connaître les causes. Pour les médiateurs engagés sur le terrain de l'organisation de la vie post-rupture, quels seront les modèles ?

Depuis des siècles, notre société fonctionne sur une vision sexuée des rôles. Les stéréotypes restent forts pour attribuer aux hommes et aux femmes une répartition bien différenciée des tâches ménagères. Aux femmes reviennent les travaux « légers » (ne requérant pas la force physique), supposant en revanche la maîtrise de savoir-faire traditionnels, essentiellement soucieux de la propreté (du lieu, des vêtements). Aux hommes les travaux de force, ou supposant la maîtrise d'objets et d'instruments techniques plus modernes, plutôt tournés vers l'extérieur. Tandis que les tâches féminines sont plutôt de l'ordre de la reproduction, impliquant la répétition périodique (quotidienne, hebdomadaire, mensuelle, saisonnière) des mêmes gestes et des mêmes opérations, avec ce qu'elles impliquent de routine, de sentiment d'ennui et même de vacuité, véritable travail de Sisyphe toujours à reprendre ; les tâches masculines sont davantage de l'ordre de la production, voire de la création, suscitant la fierté de soi et la reconnaissance d'autrui. Le résultat d'un bricolage réussi est plus visible et se laisse plus admirer qu'un tas de linge repassé ou même un ménage bien fait. C'est au contraire lorsqu'il n'est pas fait ou mal fait qu'un « ménage » se voit, nous dit Jean Paul Kaufman.

Cette division du travail domestique varie selon les classes sociales et les niveaux de formation. L'exigence égalitaire ne s'est pas propagée partout à la même vitesse, et le médiateur doit y être sensible avant de vouloir imposer sa propre vision du monde. L'arrangement des sexes (Goffman, 1977) n'est pas le même dans toutes les familles, et ce sont aussi ces griefs qui sont exposés dans la médiation. Ils sont d'autant plus vifs qu'ils touchent cette fois à la prise en charge des enfants. On entend par prise en charge non seulement les soins donnés aux nourrissons, mais la garde des enfants, la surveillance de leurs devoirs et leçons quand ils sont scolarisés, la participation à leurs jeux intérieurs et extérieurs, les promenades et sorties avec eux. Pendant très longtemps, l'INSEE a confondu le temps domestique et le temps parental. Ce n'est qu'en 1999 que le groupe *Division Familiale du Travail* du laboratoire Matisse du CNRS a mené une enquête visant à apprécier pour la première fois le temps parental (Barrère-Maurisson, 2001). On distingue désormais cinq temps dans la vie des individus (voir encadré, p. XX), à négocier parfois âprement entre les parties. Dans le temps ordinaire de la vie commune, les femmes actives à temps complet consacrent 17 % de leur temps au travail domestique et 12 % au temps parental ; les hommes actifs à temps plein consacrent 7 % aux tâches domestiques et 8 % au temps parental. Pour le dire autrement, sur une journée de 24 heures, les femmes passent 4 h 30 au travail domestique et 2 h 10 au parental, contre 2 h 10 au domestique et une heure au parental pour les hommes. Ces inégalités vont être exacerbées lors de la séparation. Chacun va revendiquer sa part d'enfant, sa part de temps privilégié qui soudain vient à manquer. Ce sera alors aux médiateurs de ne pas oublier l'enfant réel et ses besoins, au risque de le voir morcelé dans la folie du désir des adultes.

Les cinq temps de la vie des ménages (selon l'INSEE)

Le temps physiologique

– dormir ;
– faire sa toilette ;
– prendre ses repas.

Le temps de travail professionnel

– exercer ou rechercher un emploi ;
– suivre une formation ou des études ;
– se déplacer entre le domicile et le lieu de travail ou de formation.

Le temps domestique

– préparer les repas, dresser et débarrasser la table, faire la vaisselle ;
– faire les courses ;
– faire la lessive, repasser et ranger le linge ;
– nettoyer et ranger la maison ;
– jardiner ;
– bricoler, réparer, entretenir la maison.

Le temps personnel

– ne rien faire de spécial ;
– regarder la télévision ;
– avoir des loisirs à la maison (lire, écouter de la musique, recevoir des amis, etc.) ;
– avoir des loisirs à l'extérieur (sport, cinéma, sorties, promenades, etc.) ;
– exercer des activités bénévoles ou associatives.

Le temps parental

– **Le temps parental domestique** comprend toutes les activités consistant à s'occuper des enfants, comme les habiller, leur faire la toilette, leur faire prendre les repas ;
– **Le temps parental « taxi »** : les conduire à l'école ou les accompagner à des activités extrascolaires.

- **Le temps parental scolaire** : les aider à faire leurs devoirs.
- **Le temps de socialité parentale** : jouer avec eux à la maison ou à l'extérieur, consacrer du temps aux adolescents (parler, regarder ensemble une émission de télévision, etc.).

Dans la séparation, la lutte exacerbe les affects (axe de l'expérience subjective de la parentalité), les droits à l'enfant que chacun revendique (axe de l'exercice de la parentalité). À l'évidence, la coparentalité dans la séparation est difficile à vivre, tant pour les femmes que pour les hommes. Pour les femmes, qui se retrouvent le plus souvent en charge d'enfants, le risque de précarisation est toujours en toile de fond. Pour les pères, la situation n'est guère plus favorable. Si seulement 20 % des pères demandent la garde de leurs enfants en cas de divorce, seuls 20 % d'entre eux obtiennent cette garde. La coparentalité souffre de ces images figées des rôles de chacun. Aucun médiateur n'échappe totalement à ce contexte. Beaucoup ont à entendre des plaintes liées à la répartition des rôles, même si cette répartition satisfaisait chacun pendant la vie commune. La définition d'un contrat entre dans cette nouvelle donne, qui se joue autour de la définition des territoires de chacun, du partage des plaisirs et des lourdeurs quotidiennes incontournables. La séparation modifie les petits arrangements de la vie quotidienne, ce qui n'est pas sans douleurs et sans atermoiements.

Pourquoi cette sollicitude pour la famille ?

Cet intérêt pour la parentalité en général et la coparentalité en particulier se fait, bien sûr, au nom de l'enfant. C'est au nom des droits de l'enfant que l'exercice conjoint s'est imposé dans la législation et qu'a émergé le principe de coparentalité entendu comme « l'idée selon laquelle il est de l'intérêt de l'enfant d'être élevé par ses deux parents, dans la famille fondée sur le mariage comme dans la famille créée hors mariage, que le couple parental soit uni ou qu'il soit désuni ». On constate que, même si la coparentalité n'est pas expressément visée par la Convention des droits de l'enfant, plusieurs articles (7, 9, 18) renvoient à cette idée d'un couple parental. Il fallait, comme l'expliquait le rapport du groupe de travail présenté par Françoise Dekeuwer-Defossez, « partir de l'enfant et non des parents ». Ce principe de coparentalité, moteur de la loi de 2002, doit être entendu comme une notion duale : droit de l'enfant à être éduqué par ses deux parents et droit de les voir tous les deux. D'où notre dernière approche : pourquoi cet intérêt soudain sur l'enfant ? Pourquoi cet appel récurrent à l'implication des parents ? Ne seraient-ils plus responsables ? Que cache cette sollicitude active, presque envahissante ? Plusieurs causes contribuent sans doute à cette tension centrée sur la famille et l'enfant. Tentons de les synthétiser.

La première préoccupation est démographique. Pendant longtemps elle a été absente du débat en France. La forte évolution de la population grâce au baby-boom d'après guerre avait rassuré les politiques. Ainsi, la population de la France est passée de 45 millions d'habitants en 1960 à plus de 60 millions en 2005. La France maintient, mieux que dans d'autres pays, le renouvellement de sa population, mais elle n'assure pas tout à fait le remplacement des générations et doit faire face au défi de la solidarité intergénérationnelle, qui est une affaire à la fois publique et privée. C'est ainsi que la famille revient « au cœur des préoccupations et des projets de la nation », comme le déclarait le président de la République le 15 juin 2004.

La famille occupe aussi une place de choix dans le cœur de Français. Elle constitue bien « le pilier des identités », comme le révèlent les résultats de l'enquête *Histoire de vie* réalisée par l'INSEE (Housseaux, 2003). Les trois quarts des personnes interrogées dans cette enquête mettent la famille en avant pour traduire ce qui est important dans leur vie. « À tout âge, même chez les personnes sans conjoint, ni enfant, la proportion de personnes interrogées qui citent la famille est supérieure à 60 % ». Toutes les enquêtes sur les jeunes à l'école, la santé des adolescents, confirment l'importance de structures familiales et affectives stables pour la réussite ou l'échec scolaire, l'épanouissement ou le mal-être individuel et finalement l'intégration ou la déviance sociale. Hors de la famille, point de salut, serait-on tenté de dire ! Nous sommes bien loin des années 68 et de son slogan « Familles, je vous hais ».

La famille est au cœur des préoccupations, parce qu'elle impulse le devenir des enfants. Les parents sont sans cesse désignés comme les responsables des dérèglements de leur progéniture. Toute montée de la violence, toute incivilité doit trouver une cause, un responsable, et les parents se retrouvent alors en première ligne. Le soutien à la fonction parentale apparaît explicitement dans le discours des politiques en juin 1998, lors de la conférence de la famille. Le ministre y annonce la création et le renforcement des réseaux d'appui, d'écoute et d'accueil, visant à accompagner les parents dans leur rôle éducatif. Le soutien à la fonction parentale apparaît également dans les nouvelles orientations de l'action sociale des caisses d'allocations familiales, et ce dès 1997. Dans les discours, mais pas toujours dans les pratiques, il s'agit de développer une nouvelle approche, s'appuyant davantage sur les capacités des parents que sur le repérage de leurs difficultés. Deux approches sont retenues : la mise en place d'actions spécifiques pour aider les parents dans leur rôle ; le développement de projets intégrant la dimension parentale dans des structures existantes. Pour la première approche, citons le développement de lieux d'accueil parents-enfants, l'animation de groupes de paroles de parents, l'émergence de la médiation familiale. Pour la seconde approche, notons l'effort fait par les crèches, les haltes, les internats pour intégrer les parents à la vie des établissements, dans les conseils d'administration. Pour les professionnels, il n'est plus question de ne prendre en compte que les enfants. Ils doivent désormais étendre leurs actions à l'environnement familial. Chez les Anglo-Saxons, le terme de « *parental management* » va jusqu'au bout de la logique. Le parent devient un être que l'on doit *coacher* pour obtenir une compétence technicienne, proche finalement de celle d'un professionnel de l'enfance. Sous couvert de prendre en compte les parents comme acteurs, une nouvelle violence peut s'installer. Des parents défaillants nous passons au modèle du « parent impliqué », terme certes plus doux, mais qui permet une même sélection entre les parents impliqués comme il se doit, et les « autres », ceux qui ne viennent pas, ceux qui ne jouent pas le jeu, « ceux qu'on ne voit jamais et qui pourtant en auraient le plus besoin » ?

Ce nouveau référentiel qui s'impose comme une évidence de notre époque mérite pourtant d'être interrogé. Faut-il que la prise en charge de l'enfant devienne une prise en charge de la famille ? Faut-il que l'accueil de l'enfant devienne l'accueil des parents ? Faut-il qu'une clinique de l'enfant devienne une clinique du groupe familial ? Dans un article récent, Michel Chauvière (2002) synthétise ces questions en ces termes : « À trop mobiliser la fonction parentale et notamment le droit égal des deux géniteurs sur leur "produit", ne court-on pas le risque d'éclipser l'enfant comme tel, dans ses spécificités opposables tant à la collectivité publique qu'à ses propres géniteurs/parents, à tout le moins d'en faire une question socialement résiduelle, par économie ou par déni ? »

À l'évidence, les questions de Michel Chauvière n'ont pas été entendues, car tout le monde aujourd'hui dit « travailler avec les parents », sans interroger plus avant le sens de cette nouvelle mission. Toutes les institutions prétendent peu ou prou faire du « soutien à la parentalité », et chaque département invente pour ce faire « des pratiques dites innovantes ». Pratiques innovantes ou nouvel habillage d'une « police des familles » ? L'interrogation mérite de rester ouverte. La médiation familiale ne peut rester à l'abri de ce débat et camper frileusement derrière la définition attrayante qu'elle propose d'elle-même. Elle aussi vise une coparentalité harmonieuse. Or, cette idée généreuse (« que l'enfant conserve ses deux parents ») nous donne finalement plus de fil à retordre qu'il n'y paraît. La coparentalité est un néologisme qui masque trois sortes d'enjeux :

– le premier enjeu est celui de la définition des rôles entre femmes et hommes, entre pères et mères. Il est majeur à la fois dans la construction des territoires de chacun, la définition des pouvoirs, des égalités et inégalités, mais aussi dans la construction des identités sexuées.

– le second enjeu est familial, parental, dans la définition des attentes vis-à-vis des rôles parentaux. Qu'attendons-nous des parents ? Quelles sont nos craintes ? Pourquoi cette mobilisation, cette volonté de maintenir du lien ? Notre société qui pratique de plus en plus l'individualisation recherche aussi dans tous les domaines à faire du *co*, de l'avec. Le petit préfixe *co* a de beaux jours devant lui. N'invente-t-on pas aussi le covoiturage, la colocation, la cohabitation, la coéducation… ? La coparentalité n'est-elle pas l'une des formes de notre inquiétude plus globale sur la question du lien ?

– Le troisième enjeu est d'ordre public. Au nom de la coparentalité, nous faisons de la vie familiale privée une affaire publique. Jusqu'où pouvons-nous intervenir dans la régulation des conflits de famille ? Jusqu'où avons-nous le droit de définir des modèles-types auxquels il faudrait se conformer ?

La médiation, outil de contrôle ou espace de liberté ?

Benoit Bastard voit en la médiation familiale « moins un espace idéal de liberté et de respect des individus qu'un mécanisme nouveau de contrôle et d'encadrement social des comportements des ex-conjoints. » Tout en partageant son avis sur ce risque réel, nous ne le suivrons pourtant pas jusqu'au bout dans cette analyse et ceci pour deux raisons. La première est que nous ne pensons pas que tous les médiateurs soient dans cette logique. La plupart des médiateurs ont justement pour motivation première d'être une alternative complémentaire aux procédures judiciaires. D'autre part, nous croyons encore à la liberté de l'acteur, celle-ci fût-elle relative. Chaque intervention, même de contrôle, peut être détournée stratégiquement de son objectif initial par les intéressés. Serge Paugam le montre avec brio pour les populations assistées dans son livre *La disqualification sociale* (1991). Il note que « les assistés ne sont pas de simples victimes manipulées par un système qui déterminerait leurs conduites. Ce sont des acteurs sociaux qui disposent d'un espace de manœuvres et de négociations, au sens concret et abstrait du terme ». On peut penser qu'il en est de même pour les couples qui viennent en médiation, d'autant que ceux-ci ne sont pas *a priori* fragilisés sur le plan de la scène sociale. En revanche, nous ne pouvons oublier que la médiation familiale s'inscrit dans un contexte social, qu'elle privilégie un certain type de fonctionnement de couple.

Irène Théry le rappelle : « Le paradoxe de la médiation est là : ne s'affirmer encore souvent que comme une technique, ne proposant explicitement que des moyens, alors qu'elle poursuit des fins radicalement nouvelles » (Théry-2004). Ni diabolisation, ni idéalisation de la médiation, mais vigilance et objectivité s'imposent.

Nous ne franchirons pas non plus le Rubicon qui consisterait à prôner la médiation comme technique incontournable, comme le fait Stéphane Ditchev (2004). L'auteur dans son enthousiasme s'inquiète pour les parents qui n'ont pas rencontré un médiateur : « Se seront-ils tout dit ? Restera-t-il des zones d'ombres ? C'est avec un minimum de rendez-vous en médiation familiale qu'ils pourraient le constater et c'est pour cela qu'il serait bon que les juges ordonnent systématiquement une médiation ». Totalitaire, cette revendication d'une médiation obligée et incontournable présuppose une transparence possible entre les humains, l'abandon de tout jardin secret. Les poètes, plus prudents, savent bien combien ce désir de tout se dire, de ne laisser aucune zone d'ombre conduit à la folie. Rappelons-nous le beau poème de Prévert, Rue de Seine :

Rue de Seine au coin d'une autre rue
La femme continue
Sans se lasser…
Continue sa question inquiète
Plaie impossible à panser
Pierre dis-moi la vérité
Pierre dis-moi la vérité
Je veux tout savoir
Dis-moi la vérité…
Question stupide et grandiose
Pierre ne sait que répondre

Il est perdu…
Il est prisonnier
Coincé par ses promesses
On lui demande des comptes…
En face de lui…
Une machine à compter
Une machine à écrire des lettres d'amour
Une machine à souffrir
Le saisit…
S'accroche à lui…
Pierre dis-moi la vérité

Jacques Prévert, Extraits de Rue de Seine, *Paroles*, 1947

Ne perdons pas le sens de la mesure et rappelons-nous que la médiation offre un espace de discussion, non une obligation de dire, encore moins de tout se dire. Le médiateur ne doit pas devenir un grand inquisiteur des temps modernes. Aucune communication n'est transparente, toute communication comporte des malentendus et des zones d'ombre et aucune technique, si affutée soit-elle, ne viendra heureusement laminer cette part d'inconnu et d'ineffable dans la rencontre.

4

La place de l'enfant dans la médiation

Une belle Minerve est l'enfant de ma tête,
Une étoile de sang me couronne à jamais...
Guillaume Apollinaire

Quelle place pour l'enfant dans la médiation ?

La proposition de médiation se fait, nous l'avons noté, au nom du bien-être de l'enfant. Mais de quel enfant s'agit-il ? Cléopâtre Montandon (1997) dénonce une fâcheuse habitude des adultes : « Enseignants, éducateurs, responsables de l'instruction publique, tous prennent des décisions et mettent en œuvre des politiques et des programmes qui sont liées à des représentations de l'enfant, dont le moins qu'on puisse dire est qu'elles sont très stéréotypées. Souvent, leurs actions sont loin de tenir compte des réalités de la vie quotidienne des enfants. » *A priori*, la médiation familiale se fait fort de combler cette lacune et de prendre en compte la vie de l'enfant. Mais comment le fait-elle ? À partir du point de vue des adultes ou/et à partir de celui des enfants ? Dans les pratiques qu'il nous est donné d'observer, les enfants sont peu acteurs de la consultation et, s'il est beaucoup question d'eux, c'est surtout de façon indirecte au travers des discours des adultes. Les enfants sont les enjeux du conflit, chaque parent se prévalant de la notion d'intérêt de l'enfant pour imposer sa solution. « S'il est une notion qui est souvent brandie comme un étendard par l'un et l'autre parent, par les avocats, les juges, les experts, les médiateurs, c'est bien cette notion de l'intérêt de l'enfant. Depuis une vingtaine d'années, le sort des enfants n'est plus décidé en fonction de la "faute" conjugale, mais plutôt en fonction de l'intérêt de l'enfant. Cette idée-force paraît agir comme un phare qui soit éclaire et élargit les horizons, soit éblouit ou brûle les ailes de qui est trop fasciné par lui. » (Van Dieren, 1994). Tentons de problématiser cette notion, qui d'apparence consensuelle, divise les protagonistes.

Une première lecture, essentiellement épistémologique, montre que la notion d'intérêt signifie à la fois « ce qui est utile, avantageux », l'attachement (être intéressé par quelqu'un), le gain, le profit. C'est enfin, du point de vue du droit, un ensemble de droits subjectifs devenus exponentiels entre la convention des droits de l'enfant de 1959 (qui comporte dix droits) et celle de 1989 (qui en comporte 54). Polysémique, la notion ne se laisse pas définir si aisément, car qui dira ce qui est utile à un enfant, qui pourra évaluer la force et la qualité des attachements ? À qui profitera la notion : au père, à la mère, à l'enfant ? S'interrogeant sur l'ambiguïté de cette notion, Benoit Van Dieren passe au crible les intérêts et l'expertise de chacun et en conclut à l'impossibilité d'objectiver cet intérêt si particulier. Ajoutons que le terme « supérieur », parfois accolé à la notion d'intérêt de l'enfant, brouille encore davantage la donne, car pourquoi l'intérêt de l'enfant serait-il souverain, conteste Irène Théry ? Aucun des acteurs ne semble être en mesure de dire ce qu'est réellement l'intérêt de l'enfant.

Le parent prisonnier de ses propres désirs et regrets risque fort de prêter à l'enfant ses propres sentiments et de définir l'intérêt de ce dernier en fonction de son propre intérêt. L'avocat, habitué à traiter les situations en termes de litige, risque de défendre l'intérêt de son client sans pouvoir entendre cet enfant qui lui reste inconnu. Nous en avons eu un exemple dans l'histoire contée au chapitre 2 où l'avocat conseille aux grands-parents de demander la garde de leur petit-enfant, sans se préoccuper du ressenti de ce dernier qui serait séparé de sa mère.

L'enfant, lui-même, n'est guère mieux placé malgré les apparences. Car s'il peut très bien « être conscient de ses besoins, il l'est rarement de son intérêt profond, c'est-à-dire de ce qui est bon pour son évolution. Ceci d'autant plus qu'en cas de séparation il est impliqué dans une situation très complexe sur laquelle ses parents portent un regard différent ou antagoniste ».

Les juges ne s'en sortent guère mieux, car même s'ils sont sensibles à l'intérêt de l'enfant, ils « souffrent comme tout le monde d'un manque de repères pertinents pour le cerner dans chaque cas particulier. Les décisions du juge sont guidées entre autres par des directives explicites ou implicites (qui tendent par exemple à privilégier la continuité dans le vécu de l'enfant, ce qui revient souvent au *statu quo*), ou par le système de valeur qui lui est propre. »

Lorsque la perplexité du juge dépasse un certain seuil, il fait appel à un expert psychosocial. On attend donc de ce dernier la solution miracle, la parole salvatrice qui viendra guider la décision. Tout ceci serait réaliste si les experts en psychologie parlaient d'une voix commune, mais on sait les divisions fratricides qui règnent au sein de la profession, ne serait-ce que sur le thème de la résidence alternée.

Reste le médiateur, *a priori* ni expert, ni arbitre, ni parent au conflit, qui peut tenter de rapprocher les points de vue des deux parents pour que ceux-ci trouvent un accord minimal sur une définition, *leur* définition de l'intérêt de leur enfant et sur le réalisme de ce qui est inventé. La posture peut sembler enfin féconde, mais à la condition que le médiateur interroge ses propres modèles, qu'il veille à ne pas vouloir les imposer au nom de sa propre idéologie. Un médiateur trop convaincu du bien-fondé de la résidence alternée, ou à l'inverse hostile à son exercice, sera sourd aux arguments de l'une des parties. Il risque alors, comme tous, de se réfugier derrière cette notion d'intérêt de l'enfant, brandie le plus souvent pour clore le débat et imposer une vérité incontournable. Il n'y a pas d'intérêt de l'enfant en soi, mais des intérêts multiples en jeu qu'il va falloir articuler autant que possible pour que la vie quotidienne retrouve une certaine cohérence, permettant à chacun de poursuivre la route. D'où la nécessité de clarifier les intentions et les techniques utilisées par les médiateurs au cours de leur pratique.

Rien n'est simple non plus, pour les médiateurs, en ce qui concerne la limitation de la notion d'enfance. Si le code est fort clair sur la délimitation d'une majorité civile, on sait qu'en pratique des dépendances demeurent, résistent au temps : que ces dépendances soient affectives et/ou financières. Dès lors qu'elle place concrète, physique, faire à l'enfant dans cette procédure ?

Faut-il introduire les enfants dans la médiation ?

L'exemple de Jeanne et Pierre illustre ce dilemme. À l'origine, la demande émane de Pierre et ne concerne pas Jeanne dont il est divorcé depuis 14 ans. Pierre souhaite une médiation entre lui et son fils âgé de 21 ans qui présente des passages à l'acte qui l'inquiètent. Le jeune homme étant majeur, rien n'interdit d'imaginer un face à face médiatisé entre les deux adultes. Pourtant, après le premier entretien, les médiateurs choisissent d'introduire la mère dans la négociation et de se centrer sur une médiation du couple parental. La position est discutable, car elle introduit une survivance de « l'alliance parentale » au-delà de la majorité du jeune. Ce choix est justifié par des modes conflictuels de communication entre les deux parents et des positions éducatives divergentes qui ne peuvent plus être dites. Pierre et Jeanne sont âgés de 47 ans et 45 ans. De leur union sont nés deux enfants. L'aîné avait huit ans au divorce de ses parents, sa sœur quatre. Pierre est professeur, Jeanne est agent d'insertion et s'occupe d'insertion auprès de jeunes drogués. Au fil du temps et faute de dialogue, les postures parentales et les choix éducatifs se sont éloignés au point de poser problème pour Romain, qui reste totalement dépendant de l'apport familial. Le cadre de référence de chacun est différent : Pierre s'inquiète des relations de son fils, de sa consommation de cannabis, de la transgression des interdits, des dettes contractées et non payées. Jeanne a tendance à minimiser les faits, habituée à des comportements plus inquiétants. Sans avoir jamais été dans la disqualification l'un de l'autre, mais sans non plus avoir communiqué, ces deux parents prennent la mesure de ce qui les sépare et surtout de l'utilisation qui en est faite par leur fils. C'est au niveau de la structuration d'une nouvelle parentalité que se négocie un accord entre les deux parents. Un accord écrit porté à la connaissance de Romain, qui contresigne ces nouvelles modalités éducatives auxquelles lui-même est assujetti à l'instar de ses parents.

Les modifications des structures familiales, mais aussi le temps long de la parentalité interpellent le médiateur. Nous savons qu'aujourd'hui la parentalité commence relativement tard (autour de 29 ans pour la première maternité), mais qu'elle se prolonge aussi beaucoup plus, le départ des enfants étant différé. Le film *Tanguy* en est l'expression la plus savoureuse, proche de la réalité. Selon les derniers chiffres de 2003 : 68 % des hommes et 50 % des femmes âgés de 20-24 ans sont hébergés par leurs parents contre 51 % et 38 % en 1982. Même plus tard, le cordon n'est pas coupé : entre 30 et 34 ans, encore 10 % des hommes et 4 % des femmes vivent chez leurs parents. La crise économique, les difficultés d'entrée sur le marché du travail, la prolongation des études et la modification des interactions parents-enfants contribuent à pérenniser le maintien en famille.

Ces modifications ne sont pas sans incidences sur les demandes de négociations, mais aussi sur les pratiques des médiateurs. Avec quels partenaires doivent-ils organiser la médiation et sur quel registre ? Est-ce une médiation entre adultes divergents ? Est-ce encore une médiation sur le registre de la filiation, le registre éducatif ? Est-ce une médiation au niveau du couple parental ou une médiation père-enfant, mère-enfant, chacun développant ses propres liens avec son enfant ? Répondre à ces questions et faire des choix n'est pas anodin. Toute la conception de ce « qui fait famille » et de sa structuration est en jeu. Privilégier la structure verticale (parents/enfants) ou horizontale (parents/parents ; enfants/enfants) ne produit pas les mêmes effets, ni ne met en œuvre la même médiation. Dans la situation de jeunes majeurs toujours au domicile de leurs parents, les médiateurs doivent se poser la question des dépendances maintenues. Que vaut l'accord négocié par des parents, pour leur enfant, alors que ce dernier n'est plus mineur et en droit de s'y opposer ? Comment introduire ce jeune adulte dans la négociation et quelle place lui donner, celle d'enfant de ses parents ou celle de partie négociante au même niveau que les adultes tutélaires ? En substituant la notion de parentalité à celle de famille, notre société a sans doute gommé un peu vite ces nouvelles réalités de la famille, sur lesquelles nous devrons nous pencher.

Tanguy, un petit chez soi vaut mieux qu'un grand chez les autres

Nous appellerons le témoin de cette parentalité tardive, qui n'en finit plus, « Tanguy », en référence au film d'Étienne Chatilliez sorti en 2001. Le Tanguy du film a 28 ans, le nôtre 25 ans. La demande de médiation émane de la mère qui signale l'impasse communicationnelle dans laquelle elle se trouve avec son fils unique. Dès le premier entretien de médiation, Tanguy manifeste de l'agressivité et de l'agacement vis-à-vis de sa mère à qui il reproche de ne pas prendre soin de son linge. La mère rétorque qu'elle n'est pas la compagne de son fils et qu'il doit devenir autonome. L'histoire de ce couple mère-fils débute fort tôt. Madame a quitté son mari lorsque Tanguy était tout jeune, car on lui avait dit qu'une séparation avant la sixième année était préférable pour l'enfant. Des savoirs « psychologiques » ont donc été utilisés pour mettre à distance le père. Tanguy reproche à sa mère d'avoir choisi une existence sans compagnon, « de n'avoir jamais voulu faire famille, d'avoir toujours refusé les clichés classiques de la famille, d'être trop possessive et de s'immiscer encore aujourd'hui dans sa façon de vivre ». Le médiateur souligne l'absence de tiers dans cette relation, ce qui amène Tanguy à dénoncer « le caractère aliénant de sa relation à sa mère et le fait qu'il ne trouve pas normal de ne pas avoir un chez soi à son âge». Tanguy explique qu'il fait la fête toutes les nuits pour ne pas avoir à se confronter au manque d'espace personnel. Il n'est qu'un cas parmi d'autres. Il est dans la norme statistique, mais la monoparentalité renforce le sentiment d'enfermement et c'est de cet enfermement dont est témoin le médiateur. Son rôle consiste à accompagner ce couple mère-fils à trouver une issue non destructrice.

De vieux parents terrorisés

Entre 30 et 34 ans encore 10 % des hommes et 4 % des femmes vivent chez leurs parents. La crise économique et les difficultés d'entrée sur le marché du travail contribuent à pérenniser le maintien en famille, mais la cohabitation n'est pas simple, comme en témoignent Louis et Jeanne, âgés de 80 ans et 72 ans. Ces deux parents demandent une médiation, car ils sont victimes de coups de la part de leur fils âgé de 40 ans. Leur histoire fait apparaître une nombreuse filiation, pas moins de quatre enfants, tous mâles. Dans la tradition de cette époque, l'éducation a été assumée par Jeanne, qui dit avoir vécu « en autarcie »; le père est très peu intervenu directement. Chacun des enfants a eu des difficultés sur le plan affectif; un seul des garçons a aujourd'hui une vie familiale. Luc est le petit dernier qui, confronté à des difficultés scolaires, s'est vu proposer un internat. L'expérience de séparation a été un échec, et Luc a été réintégré dans la famille où il aurait vécu « replié, en circuit fermé avec ses frères». Selon ses parents, Luc reste sur un positionnement d'enfant et vit l'extérieur comme dangereux. Sur injonction du père, Luc est allé vivre trois années à l'extérieur du domicile parental, mais ces trois années ont été trois années de loyers impayés, accompagnées d'une profonde dépression. Le retour chez les parents était inéluctable. Si Madame privilégie encore aujourd'hui l'axe de la parentalité, Monsieur revendique celui de la conjugalité. Le père aspire à une intimité de couple et à une retraite paisible, ce qui n'est pas le cas puisque Luc passe désormais à l'acte par des coups sur ses parents. La médiation s'organise exclusivement avec les deux parents. C'est une médiation de couple pour organiser l'autonomisation de Luc. Les deux parents s'entendent pour faire une proposition de versement d'une somme de 30 000 euros, en avance sur l'héritage. Elle doit permettre à Luc de prendre de la distance, tout en étant accompagné par un psychiatre qui accepte de débuter une psychothérapie. La négociation permet aux parents de tenir leur position, mais aussi de réfléchir à haute voix sur les récriminations des autres enfants, qui jugent la position de leur frère abusive et se sentent spoliés quant à l'héritage.

La présence physique de l'enfant dans les séances de médiation est un objet de discussion entre les médiateurs. Pour certains, les parents, et eux seuls, sont à même d'informer leurs enfants de la réorganisation familiale, renforçant ainsi leurs responsabilité et autonomie en regard de toute forme d'assistance. Pour d'autres, comme Jocelyne Dahan, directrice du Centre de médiation et d'accompagnement familial (CEMAF) de Toulouse, l'entretien avec l'enfant peut être utile. Celui-ci a alors deux objectifs :

– avertir l'enfant des décisions prises par ses parents et « vérifier l'état d'assimilation de la décision de séparation, repérer les éventuels troubles du comportement, afin de proposer, éventuellement, une orientation pour bénéficier d'un soutien psychologique » ;

– permettre à l'enfant d'exprimer ses besoins, voire le déculpabiliser dans cette décision de séparation.

Forte de cette analyse, Jocelyne Dahan a « mis en place des groupes d'enfants, dont l'animation a été confiée à un psychothérapeute et une médiatrice familiale ». Prudente, la médiatrice note toutefois que « ce travail est encore trop récent dans sa pratique pour en permettre une analyse, mais il semble, au travers des retours, que les enfants apprécient ce lieu où leur parole est accueillie sans pour autant peser dans les décisions qui incombent aux adultes ». Indépendamment des postures professionnelles, l'unanimité semble se faire sur un point, celui de préserver l'enfant du conflit parental. L'intégration de l'enfant dans le processus suppose que les parents aient déjà convenu un certain nombre d'accords sur l'organisation de leur séparation. Le plus souvent, c'est donc en fin de médiation que l'enfant peut être présent, pour entendre ses parents lui exposer leurs décisions et lui permettre d'y réagir le cas échéant. En ce sens, la parole de l'enfant n'a pas pour fonction d'orienter les décisions des parents, mais éventuellement de les réorienter en leur fournissant des informations complémentaires : par exemple un choix d'option scolaire, de loisirs, ou de périodicité des rencontres.

Le médiateur et le souci des besoins de l'enfant

Cette sollicitude autour de l'enfant, qui réunit des parties opposées, s'enracine dans l'idée que chaque parent a sa responsabilité dans ce que l'on appelle l'amour parental, mais aussi dans des savoirs construits à partir de l'ouvrage *Les enfants du divorce* (Poussin, Martin-Lebrun, 1997). Les parents d'aujourd'hui sont conscients des répercussions psychologiques de la séparation et les plus clairvoyants d'entre eux tentent d'en atténuer les effets. Il nous semble utile de synthétiser ici les connaissances accumulées sur ce sujet. Tout médiateur doit avoir en mémoire les effets de la discorde parentale sur les enfants pour ne pas oublier qu'il travaille si possible à l'extinction d'un conflit d'adultes, mais aussi à l'aménagement d'un avenir pour l'enfant.

En 1997, deux livres sur la séparation et le vécu des enfants sont édités en même temps : celui de Maurice Berger, *L'enfant et la souffrance de la séparation*, et celui de Gérard Poussin et Martin-Lebrun déjà cité. Maurice Berger comme Gérard Poussin, dans leur introduction prudente, évitent de généraliser à l'ensemble de la population ce qu'ils observent à partir de leur clinique. Tout discours catastrophique sur les effets du divorce ne servirait qu'à culpabiliser davantage des parents en souffrance, désireux d'épargner autant que possible leur enfant de leur naufrage. Il y a de multiples façons de se séparer et sans doute aussi de multiples façons de *vivre la séparation* (Prigent, 1998) de ses parents. Les deux auteurs sont également d'accord pour penser que les modes de séparation influencent le développement de l'enfant. *Les renoncements nécessaires* (Viorst, 1986) sont plus faciles lorsqu'ils ne sont pas aggravés par la conflictualité, nul ne peut le nier. Pour autant, l'absence de conflictualité ne signifie pas que tout est résolu. L'enfant va vivre différemment la séparation de ses parents selon son âge et ses capacités d'élaboration. La perte n'est pas la même dans la prime enfance et à l'adolescence, d'où l'intérêt d'accompagner ce moment de rupture en tenant compte du vécu de l'enfant.

À chaque âge, sa séparation

La séparation met en jeu des mécanismes de compréhension de l'événement, des rapports au temps et à la causalité, des mécanismes d'adaptation à une situation anxiogène. S'il est difficile d'imaginer le vécu du nourrisson face à la perte d'un parent, il est en revanche plus aisé d'observer les effets de cette même séparation chez un enfant qui a déjà constitué ses figures d'attachement. Pour avoir assisté à l'annonce d'un divorce devant un enfant de deux ans, nous pouvons dire combien celui-ci a lutté pour exprimer son désarroi, en tentant de ligoter son père à sa chaise pour qu'il ne parte pas. Très jeune, un enfant est en mesure de comprendre la situation parentale, ce qui ne veut pas dire qu'il est capable de s'en protéger. L'anticipation sur la durée de l'absence, les capacités de mémorisation des visages, des rites, des odeurs, sont encore précaires, ce qui suppose une attention particulière à l'organisation rythmée et continue de la séparation, pour qu'elle n'entrave pas la constitution de la sécurité de base de l'enfant.

Entre deux et trois ans, Gérard Poussin met en garde les parents et les médiateurs sur les effets au niveau du développement psychomoteur. Inquiet quant à la pérennité des choses et des êtres, l'enfant peut « diminuer sa capacité à investir de nouveaux domaines d'exploration comme la marche, le jeu, la propreté ». C'est par son corps qu'il va exprimer son mal-être, à charge pour ses parents de décoder ses sentiments cachés sous les manifestations physiques.

De trois à six ans, l'enfant comprend mieux intellectuellement la situation, mais, encore très égocentrique, il s'inquiète des changements concrets qui vont émailler sa vie quotidienne. La culpabilité est souvent maximale à cet âge, car l'enfant ne maîtrise pas encore ce qui lui est imputable de ce qui est du simple domaine des adultes. Le déni de la séparation, l'espoir insensé de réunifier le couple parental vont longuement occuper l'enfant, comme son « rêve le plus fou ». C'est sans doute à cette époque d'extrême fragilité que nous voyons apparaître toutes les postures enfantines possibles : celle de l'enfant qui sauvegarde son enfance et compose avec la nouvelle situation ; celle de l'enfant adulte très conscient des enjeux ; celle de l'enfant messager utilisé comme transfert entre deux mondes ; celle de l'enfant thérapeute soignant le parent le plus fragile ; celle de l'enfant encombrant ne trouvant plus sa place dans les nouvelles configurations familiales ; celle de l'enfant vengeur chargé d'épurer les comptes ; celle de l'enfant écartelé entre des attachements antagoniques ; enfin celle de l'enfant-objet, simple élément de transaction alimentant un conflit qui ne trouve plus d'issue. Gérard Poussin dresse cette typologie fine de ces enfants victimes, mais parfois actifs dans la séparation, jouant sur un échiquier qui n'est pas le leur.

Plusieurs associations dénoncent certains de ces phénomènes d'emprise (comme l'association Acalpa en France) sous le curieux vocable « d'aliénation parentale ». Cette terminologie a été définie par le pédopsychiatre nord-américain Richard Gardner en 1992, comme « l'ensemble des manifestations psychopathologiques liées aux tensions auxquelles sont soumis les enfants dont les parents se déchirent après la séparation ». C'est une sorte de processus qui consiste à programmer un enfant pour qu'il haïsse un de ses parents sans que ce sentiment soit justifié. Ainsi, l'enfant peut accuser l'un de ses parents, refuser toute visite, s'amputer psychiquement de ses propres ressentis, en suivant l'avis du parent manipulateur. L'enfant est en quelque sorte programmé par l'un de ses parents à renier l'autre parent qui apparaît coupable.

Ce concept est aujourd'hui très polémique pour les raisons invoquées ci-dessous par Hubert Van Gijseghe, psychologue de formation (2005), par ailleurs fervent défenseur de ce concept. La première opposition est venue des milieux féministes. Richard Gardner, qui est à l'origine de ce concept, affirmait que cette aliénation provenait en majorité des mères. Devant les violentes critiques qui lui ont été adressées, il a rétabli à la fin de sa vie la parité dans l'implication des pères et des mères. Une étude hollandaise parle d'une répartition 95 % – 5 % ! Pourtant, il n'y a aucun mystère dans ce résultat. On peut facilement comprendre que le risque d'influence aliénante soit plutôt du côté du parent gardien, et la grande majorité des enfants sont encore confiés à leur mère après la séparation du couple parental. Il s'agit donc d'une logique statistique et non d'une ségrégation de genre. Une seconde opposition encore plus violente est venue de l'association abusive de ce concept avec l'abus sexuel dont l'enfant est parfois victime. Tout se passe comme si l'aliénation parentale avait été créée pour protéger les pères abuseurs, voire pédophiles. Il suffit d'aller sur Internet pour constater que toute une littérature idéologique, sinon intégriste, établit constamment ce lien. Ainsi, ce concept d'aliénation parentale est loin d'avoir obtenu ses lettres de noblesse. Utilisé par les deux parties pour dénoncer les mères abusives ou alimenter les débats sur les pères abuseurs, il n'aide guère les couples à trouver l'apaisement. Reste à savoir s'il aide les professionnels à aider les enfants enkystés plus ou moins profondément dans les conflits des adultes.

L'enfant en période de latence est en principe mieux armé pour vivre la séparation, du moins sur le plan intellectuel. Avec une meilleure connaissance du temps et de l'espace, il appréhende plus aisément les modifications de sa future vie. Toutefois la nostalgie du parent absent ne sera pas absente et le développement du sens moral, des règles de vie, seront sollicités face à la nouvelle vie de ses parents. La notion de bon ou mauvais parent, l'envie de punir celui ou celle qui aura dérogé à la règle seront actifs tout au long de ces remaniements. La situation clinique que nous allons présenter illustre une séparation parentale effectuée pendant la période de latence des enfants. C'est à la préadolescence, adolescence, que s'exprime le mal-être.

Pétronille, une enfant en quête de repères

La difficulté est encore plus grande pour les adolescents lorsque la sexualité parentale passe de l'hétérosexualité à l'homosexualité. À la séparation parentale s'ajoute la confrontation à la norme sociale, qui peut être difficile à vivre. Tel est le cas pour Pétronille, reçue en médiation avec ses parents. Âgée de 16 ans, elle est l'aînée de deux enfants nés du couple constitué par Charles et Sandrine, âgés de 39 ans. La demande de médiation est faite par le père, qui est séparé de sa femme depuis dix ans, Pétronille avait donc 6 ans au moment de la rupture. Pétronille dérive, mais ses passages à l'acte ne sont pas sans interroger l'histoire familiale particulièrement complexe. Les deux premières consultations évoquent l'histoire du couple. Elles ont lieu hors de la présence de l'enfant. Charles et Sandrine se sont rencontrés sur les bancs de l'école à l'âge de 16 ans ; ils se sont mariés quatre années plus tard et Pétronille est née en 1990. Le couple parle de connivences, mais aussi de difficultés sexuelles qui débouchent sur une séparation en 1996. C'est à ce moment que Charles apprend que Sandrine aime une autre personne, une femme, ce qui crée une profonde blessure narcissique. Sandrine conserve la garde des enfants et s'installe avec Clothilde. Elles ont un souhait d'enfant et sollicitent Charles pour en être le géniteur. Sandrine explique ce choix pour le moins hors norme par le fait que Charles a toujours été un père exemplaire, qu'il fait de beaux enfants, et qu'il était « normal » qu'un enfant vienne souder sa relation à Clothilde. Charles accepte cette proposition. Il devient ainsi le père de John (et pas seulement le géniteur, comme le voudraient les deux femmes), aujourd'hui âgé de dix mois. Ces petits arrangements pour « faire famille » tournent mal lorsque Charles revendique d'être un père présent. Empruntant au registre animal, Charles se décrit comme « le chef de la meute ». Mais Sandrine dit ne « plus savoir où elle en est avec Clothilde, que John est le fruit du désir de leur couple et que Charles prend trop de place auprès de John ». Les problèmes de Pétronille, à l'origine de la demande de médiation familiale, ne seraient-ils que la face visible, la face cachée étant un problème de répartition des rôles et des places au sein d'un trio problématique ? Toujours est-il qu'au-delà du problème des adultes, c'est Pétronille qui exprime sa souffrance par des conduites addictives, une sexualité précoce, compulsive et complexe, des transgressions vis-à-vis des règles. La préoccupation parentale est réelle et c'est à partir de cette solidarité des parents que se noue la médiation. À la troisième séance, Pétronille est présente et s'implique d'emblée dans la médiation. Elle se remémore sa petite-enfance faite de bons souvenirs jusqu'à l'annonce de la séparation. Elle note qu'à la même époque un film, *Génial mes parents divorcent*, faisait la une des cinémas. En total décalage, elle dit sa peur que tout disparaisse avec le divorce, la réassurance effectuée par le père et une relative mise à l'écart des problèmes des adultes. Puis une sorte de période amnésique est évoquée, suivie d'une prise de conscience des difficultés maternelles vis-à-vis de l'alcool, l'arrivée d'une femme… Pétronille date le début de ses comportements difficiles de cette période. Elle parle d'un sentiment de lâchage, d'abandon. « Maman se redresse, elle va mieux, mais elle ne me voit pas et je dérape de plus en plus à l'école. Papa excusait mes comportements et les choses se sont poursuivies, avec des réflexions méchantes de la part des copines sur l'image de ma mère ». La première relation sexuelle de Pétronille a lieu à 14 ans ainsi que la première prise de drogue « pour oublier ». L'idée d'avoir un enfant est présente, « comme la seule chose à laquelle on peut rester fidèle », dit Pétronille, mais l'expérience se solde par une IVG qui laisse des regrets. Les relations affectives et sexuelles sont dès lors chaotiques, précaires, violentes. La disponibilité parentale est insuffisante pour que les difficultés puissent se parler : « Je me suis tue, repliée sur moi-même, je ne pouvais rien vous dire, vous n'étiez pas disponibles, je ne voulais pas vous faire souffrir davantage ».

La médiation familiale permet, pour la première fois, de revenir sur les événements traumatiques vécus par Pétronille ; elle réinstaure une communication parents-enfant. Elle permettra aussi d'orienter Pétronille vers une thérapeute et de mettre en place, à la demande des parents, une action éducative en milieu ouvert. Pétronille a été confrontée à une séparation peu ordinaire, non accompagnée de façon suffisante, malgré les précautions prises par les adultes qui ne se sont pas déchirés. Elle est aussi confrontée à une position paternelle complexe et à la naissance d'un frère qui s'inscrit dans une configuration familiale singulière, qui ne lui permet pas d'avoir des repères. La médiation familiale a eu le mérite de repositionner l'enfant au cœur des débats, Pétronille, mais aussi peut-être Canelle, âgée de 14 ans, et John qui devra un jour comprendre les particularités de sa naissance.

L'adolescence qu'on pourrait penser plus sereine et plus distante vis-à-vis du phénomène n'échappe pas totalement aux perturbations. Si la compréhension des faits ne pose pas de problème, la réactivation du complexe d'Œdipe et la constitution de nouvelles frontières se surajoutent parfois au problème parental. La question des modèles, des appartenances peut être exacerbée par la défaite annoncée du couple parental.

Des enfants au cœur du conflit

Tel est le cas de Madame Z. qui témoigne de la difficulté de ses deux enfants, âgés de 24 ans et 22 ans au moment de l'annonce de la rupture. Après 24 ans de vie commune, Monsieur Z. annonce son infidélité et son désir de mettre fin à la vie commune. Crise de la quarantaine, simple envie de séduire, peur de vieillir... ? Madame Z. dit ne rien comprendre à la crise qui secoue son couple. La médiation, faite de cinq séances, donne au couple un nouvel élan, mais les deux enfants, au-delà de leur âge et de leur maturité, restent marqués par l'expérience. Madame Z. dit :

> Mon mari a perdu la relation à ses enfants. Notre fille est intransigeante, elle a un petit copain depuis la troisième, depuis huit ans, et nous représentions un modèle de couple qui s'est déglingué devant elle. Elle s'énerve devant ce père qui veut jouer les jeunes, qui refuse son âge. Notre fils venait d'obtenir un CDI lors de l'annonce de la rupture, il devait quitter la maison, mais malgré mes encouragements il a remis à plus tard son départ, il ne voulait pas me laisser seule.

Adolescents ou jeunes adultes, les enfants ne sont donc pas sans réaction. En l'occurrence, les deux enfants de la famille Z. ont été confrontés à la vie sexuelle de leur père, à la dimension du désir qui jusqu'à ce jour avait été pour eux masquée par la dimension parentale.

Mégane ou l'impossible séparation

L'histoire de Mégane, 16 ans, est plus simple, mais tout aussi douloureuse. Mégane vit seule avec sa mère. Elle est née après le décès accidentel de son père, sa mère étant enceinte de quelques mois. La médiation dévoile une relation mère-fille fusionnelle, conflictualisée par le partage d'un espace familial trop exigu pour permettre une réelle autonomie. Lors du premier entretien de médiation, la mère explique sa solitude après la mort brutale du père de Mégane, sa grande difficulté à faire le deuil de cet homme idéalisé et le report de toute son affection sur Mégane. Au second entretien, la relation mère-fille apparaît dans toute son ambivalence. Les deux femmes ne peuvent ni se séparer, ni vivre harmonieusement ensemble; les conflits sont permanents. Mégane met en échec toute relation amoureuse de sa mère, lui reproche de l'imiter car elle-même a un petit copain. La médiation aura pour objectifs de les différencier, de mettre de la distance entre Mégane et sa mère, y compris par un accueil négocié de la jeune fille par les grands-parents dans un premier temps, puis dans un appartement de la Sauvegarde de l'enfance avec une mesure éducative. En l'occurrence, le médiateur travaille à un processus de séparation-individuation qui n'a pu se faire en raison d'un collage morbide.

Violette, une petite fille à entendre

L'inscription de la médiation familiale au sein d'une Sauvegarde de l'enfance donne à entendre des situations complexes, où médiation familiale et interventions éducatives peuvent se juxtaposer. Les parents de Violette, que nous appellerons Laurent et Patricia, arrivent en médiation pour tenter de reprendre le dialogue après une succession de dépôts de plaintes de Laurent pour obtenir ses droits de visite pour sa fille Violette, 10 ans, la mère refusant de la lui confier en raison de ses conduites addictives (alcool). Laurent rencontre Patricia dans le cadre de son travail. Il se trouve dans un contexte de rupture d'avec sa compagne d'alors et il est perdu. Il est intérimaire et fait de la vente à domicile de livres et Patricia est agent des impôts. Il la rencontre chez elle et elle lui offre, dit-il, seulement « un endroit pour vivre ». Puis des sentiments se sont installés peu à peu entre eux. Une période de stabilité est vécue pendant sept ans. Puis, de nouveau, Laurent s'est mis à sortir avec les copains, ce qui crée les premiers conflits dans le couple. Laurent raconte une enfance triste, avec des parents alcooliques et dit n'avoir obtenu aucune aide parentale. Son père est décédé lorsqu'il avait 14 ans. En échec scolaire, il a vécu les classes pratiques et a été orienté vers un CAP d'électromécanicien, puis un CAP de pâtisserie, mais en définitive c'était toujours l'échec. Sa perception de lui-même est très dégradée :

> J'étais minable et j'ai eu l'obligation de m'engager à l'armée à 17 ans. J'ai fait des crises d'épilepsie parce que je ne supportais pas ce milieu. J'avais aussi des sentiments d'amour/haine à l'égard des femmes. Je n'arrive pas à aimer, je suis toujours dans une instabilité affective, je ne trouve pas le bonheur ou, quand je le trouve, j'y mets fin, je suis totalement à côté de la plaque. Dès lors, je me suis mis à consommer du cannabis, du LSD et de l'héroïne pendant dix ans, avec un défilé de copains marginaux à mon domicile.

Le couple se maintient pourtant et décide d'adopter une enfant, sans chercher à savoir qui peut être stérile. Violette arrive de Tahiti, elle est âgée de deux semaines. Trois ans plus tard, le problème d'alcool réapparaît avec des sautes d'humeur ; les relations familiales se dégradent jusqu'à la rupture. La procédure de divorce est conflictuelle avec une enquête sociale. Une mesure d'action éducative en milieu ouvert est décidée et dure pendant quatre ans. Lorsque la médiation débute Laurent n'a pas vu sa fille depuis trois mois. À la dernière visite de sa fille, Laurent sous l'emprise de l'alcool a mis l'enfant en danger en prenant sa voiture. La demande de médiation émane donc du père qui veut réinstaurer une relation de confiance avec son ex-femme. Après un temps d'expression des ressentis de Patricia, de ses déceptions successives à l'égard d'un homme à nouveau marginalisé, à l'écart de la société, repris par l'alcool et au comportement parfois imprévisible, la médiation s'engage sur un autre terrain. Patricia reconnaît que Violette reste très attachée à son père et les deux parents conviennent d'une organisation des visites. Sans ce cadre contenant, il est vraisemblable que le dialogue n'aurait pu être renoué.

Fallait-il aller plus loin dans cette médiation et entendre la demande de rencontre de l'enfant elle-même, avec l'accord de ses parents ? Le médiateur l'a pensé et laissé à Violette cet espace de paroles. Violette exprime alors sa tristesse devant l'alcoolisme de son père qu'elle aime beaucoup, sa fatigue face aux querelles parentales dont elle est l'objet et le manque de confort pour elle lors des visites paternelles, désormais d'une journée. La médiation a-t-elle pris la mesure des besoins d'une petite fille ? Le risque de toute médiation n'est-il pas d'adopter une vision adultomorphique, qui satisfait le désir des adultes, non celui de l'enfant ? Violette dit :

> Je suis contente de voir papa mais quand il vient en ville, on ne sait pas où aller, il fait froid et il n'a pas beaucoup d'argent. Je voudrais passer plutôt des week-ends chez lui, comme avant.

Le médiateur se fait alors passeur, messager auprès des parents. Il ne lui appartient pas d'orienter la décision, mais de restituer l'avis de l'une des parties au conflit. Tout au long des entretiens avec les deux parents, l'éducation de leur fille, leurs différences de parents séparés, leurs attentes, les conduites de monsieur sont abordées. Le père admet qu'il doit être en mesure d'assurer son autorité parentale pleinement s'il prend en charge sa fille pendant le week-end, et que cela suppose une abstinence vis-à-vis de l'alcool. Monsieur désire tout autant que sa fille la recevoir chez lui pendant les week-ends et les vacances. La médiation permet une première expérimentation : elle a lieu un dimanche et tout se passe bien ; la confiance se rétablit peu à peu entre les deux parents. Violette passe même deux jours à la Toussaint chez son père et quatre jours pendant les vacances de Noël. La médiation amène même les parents à fêter le repas de Noël ensemble, tous les trois. La médiation est pour ce couple le seul endroit où ils peuvent échanger et mettre en place une organisation en quelque sorte « sous contrôle ». Au cinquième entretien, Violette demande de nouveau à être entendue ; ses parents sont porteurs de cette demande. Violette souligne les grandes différences de vie et d'exigences entre ses deux lieux de vie. Devant sa fille, le père dit sa confiance dans l'éducation donnée par sa femme, le fait que cette dernière offre une sécurité qu'il n'est pas en mesure de donner malgré ses efforts. Patricia, en écho, reconnaît la compétence de Laurent vis-à-vis de sa fille, en certains domaines. Violette peut alors dire ses craintes : le face à face avec ce père encore incertain, son désir « qu'il soit hospitalisé pour se soigner et qu'il soit moins sensible. Quand on lui dit quelque chose, il se sent toujours blessé ». Violette désire pourtant continuer à aller voir son père et souhaite passer du temps en sa compagnie.

Elle sait qu'il est impossible de vivre autre chose pour le moment avec son père en raison de sa situation précaire, mais elle l'aime beaucoup et dit vouloir continuer à vivre des week-ends et des jours de vacances chez lui. Elle n'est pas inquiète pour son père, mais elle reste protectrice à son égard et peut parler à sa place. Petite fille parfois « parentifiée », divisée entre deux parents que tout oppose, Violette est émue aux larmes lorsqu'elle évoque son père, ressent le drame personnel de sa situation qu'elle souhaiterait bien meilleure et évoque la rigueur de sa mère qui, elle, ne reçoit personne à son domicile. De son père, elle peut dire qu'il cuisine bien, est chaleureux avec elle, lui explique ses devoirs ou ses idées sur le monde, mais elle sait qu'il continue à s'alcooliser lorsqu'elle n'est pas avec lui. Comment grandir avec ce papa en difficulté, qui ne lui donne pas véritablement les repères dont elle a besoin ? Comment vivre avec deux parents si différents qui ne se parlent pas assez, ne tiennent pas toujours compte de ses désirs, ne lui donnent pas suffisamment le cadre familial avec les limites dont elle a besoin pour se construire ?

À la lecture de cette situation, certains médiateurs « puristes » diront peut-être qu'il ne s'agit plus de médiation familiale, mais de thérapie familiale. Nous pouvons entendre cette critique, mais faut-il, en plein milieu d'une médiation familiale, renvoyer les familles à leur désespérance sous prétexte qu'ils franchissent les frontières fragiles de métiers nouveaux, qui se chevauchent parfois ? Pour notre part, nous ne le croyons pas. La médiation commence parfois par l'organisation des visites, puis déborde, comme pour Violette, par les demandes d'une petite fille qui cherche à se faire entendre. La médiation peut-elle faire fi de l'avis des enfants en âge de le donner ? Nous rappelons que la nouvelle réécriture de l'article 371-1 du code civil, relatif à la définition de l'autorité parentale (2002), prévoit que « Les parents associent l'enfant aux décisions qui le concernent, selon son âge et son degré de maturité ». La médiation ne déroge donc pas aux principes juridiques en entendant les enfants ; elle respecte le principe de la loi.

Aux différentes étapes de la séparation, l'aide à apporter aux enfants est précieuse, mais rares sont les études qui évaluent la qualité de ce soutien, que celui-ci soit intrafamilial, extra-familial ou professionnel.

Les fonctions de soutien apportées aux enfants

La recherche menée par Sylvie Drapeau et Christine Samson au Québec (1999) nous semble à ce titre exemplaire. À partir d'un corpus de soixante-deux enfants âgés de 8 à 13 ans et séparés depuis près de trois ans du couple parental classique, les auteurs ont interrogé les enfants sur les soutiens reçus et leur degré de satisfaction vis-à-vis de cette aide. Les personnes nommées par les enfants comme source de soutien ont été classées dans : la famille (y compris recomposée), la parenté, les amis de l'enfant, les adultes non apparentés. Six formes de soutien ont été repérées : la clarification (donner des informations sur la situation), le conseil (proposer des solutions), le soutien émotionnel (réconforter, rassurer, écouter), l'entraide (résoudre le problème ensemble), le soutien instrumental (la personne s'implique directement pour résoudre le problème), le soutien récréatif (distraire). Au terme de cette analyse, il apparaît que la famille et les amis se révèlent être des soutiens de premier plan. La parenté joue un rôle de soutien dans un tiers des cas, derrière les adultes non apparentés. Le soutien récréatif et le soutien émotionnel sont de loin les formes les plus fréquentes d'aide ; elles sont citées par 93 % des enfants. Les conseils arrivent en troisième position, mais les filles sont plus nombreuses à exprimer un manque au niveau de l'aide attendue. Bien que moins fréquent, le soutien de la parenté présente le plus haut taux de satisfaction quand il existe. La mobilisation du réseau relationnel de l'enfant est donc une donnée importante dans la gestion du stress lié à la transition familiale, une donnée qu'il serait intéressante de transmettre aux parents qui peuvent avoir tendance à se replier sur leur propre misère.

Dans une logique de prévention des troubles consécutifs au divorce, la médiation a sans nul doute une carte à jouer. Les médiateurs ne sont pas seulement des « fossoyeurs du couple » comme on a voulu les nommer, ils sont aussi dans une logique de prévention des blessures enfantines, une sensibilisation parentale au vécu singulier des enfants. Pour jouer ce rôle, ils doivent savoir, à partir des connaissances accumulées sur les enfants séparés, que le devenir des enfants du divorce n'est en rien catastrophique, que celui-ci dépend de la date de survenue de la rupture parentale (Fergusson, 1994), des facteurs socio-économiques (Martin, 1993), mais surtout de la persistance ou non des conflits parentaux et du rythme des contacts avec chacun des parents (Wallerstein et Kelly, 1989). La thèse récente présentée par Paul Archambault et l'Ined (2002) montre que la séparation des parents a tendance à pénaliser la scolarité de leur progéniture. La durée de leurs études s'en trouverait raccourcie d'un an. Dans les familles aisées, en cas de rupture conjugale, le taux d'échec des enfants au bac double : 15 % au lieu de 7 %. Chez les ouvriers, un enfant sur deux quitte le système scolaire sans aucun diplôme, s'il est élevé par sa mère, contre 1 sur 3 si les parents sont ensemble. Ces données ne sont pas faites pour singulariser ou stigmatiser les couples qui se séparent, car rien ne dit que le maintien d'un couple conflictuel produise de meilleurs résultats. Mais elles rappellent la nécessité d'organiser la future vie de l'enfant. Gérard Poussin, déjà cité, souligne que « toutes les modifications doivent être ramenées aux éléments concrets qui sont les repères de l'enfant : quel adulte l'emmène à la crèche ou à l'école, où il mange, qui vient le chercher, où il dort. L'attention accordée aux détails de sa vie quotidienne est interprétée comme la preuve que l'adulte fait attention à lui. Au-delà des paroles, l'enfant s'appuie sur le comportement de ses parents pour déterminer le degré d'angoisse engendré par la nouvelle situation ».

C'est de ce souci du quotidien et des petits détails organisationnels dont témoignent les situations familiales présentées ci-dessous.

Sylvie et ses parents exemplaires

Sylvie est une petite fille âgée de six ans, née infirme moteur cérébral. Elle avait 4 ans lors de la séparation de ses parents. Le couple s'est abîmé dans une parentalité blessée. Dans un premier temps, c'est le père qui a refusé le handicap et organisé une hyperstimulation cognitive et sensorielle. Avec le temps, il a pris conscience de son impuissance, mais c'est à ce moment-là que sa femme s'est lancée dans le processus pour poursuivre l'autonomisation de l'enfant. Toute vie commune, affective et conjugale, est devenue inexistante au profit de la parentalité. Chacun pense être le meilleur parent pour Sylvie et disqualifie l'autre. Chacun se crispe sur les orientations, l'organisation du week-end. Épuisé par tant d'années de lutte, les deux parents souhaitent renouer le dialogue. Monsieur arrive à la médiation en pleine dépression ; il est dans l'incapacité d'exprimer sa douleur et son analyse du handicap de l'enfant. Dire qu'il ne croit plus à l'autonomie de Sylvie, c'est se heurter à sa femme toujours animée de la croyance d'une évolution possible. Grâce à une attention constante, la mère espère une amélioration de l'état de Sylvie ; elle ne peut abandonner son rêve qui donne sens à sa vie. Le rôle du médiateur sera triple : permettre que la douleur de chacun s'exprime et qu'elle soit entendue par l'autre ; rapprocher les points de vue même si chacun conserve son propre regard sur l'enfant ; organiser le quotidien pour que Sylvie ne soit pas écartelée entre deux prises en charge trop éloignées. Au fil des entretiens, les divergences ont pu être analysées. Madame a admis qu'il lui fallait augmenter la prise en charge institutionnelle en internat. Elle a pu interroger ses croyances liées au travail incessant de stimulations mis en place autour de Sylvie. Le père a alors pu proposer d'autres pistes d'aide, montrer l'intérêt qu'il portait à son enfant. La médiation n'abolit pas la souffrance, elle la contient seulement pour que le dialogue puisse s'instaurer : « Sois sage, ô ma douleur, et tiens-toi plus tranquille » (Charles Baudelaire).

Les conditions facilitant les séparations

Au-delà de ce quotidien aménagé avec soin, Yves Prigent, déjà cité, propose d'autres pistes de réflexion en repérant trois conditions qui facilitent les séparations. Celles-ci valent autant pour les membres du couple que pour les enfants concernés par la rupture. Reprenant la pensée de Donald Winnicott, Yves Prigent montre comment certains mécanismes archaïques de réparation peuvent être envisagés selon le registre où ils se déploient : imaginaire, symbolique, ou celui d'une certaine réalité concrète. Dans le registre imaginaire, « la facilitation peut se faire par une évocation d'images, de sons ou encore de propos n'ayant pas forcément de signification très précise, mais jouant à la façon d'un chantonnement ou d'une mélodie. Il s'agit là du registre de l'enchantement par l'évocation préverbale tel que cela se produit lorsqu'un enfant chagriné ou blessé se fait bercer par sa mère ». Quelques couples endeuillés ou séparés ont pu évoquer ce recours à une musique entendue lors de la rencontre, musique devenue le symbole de leur union. Sur le plan symbolique, la facilitation du travail de séparation « peut se faire par l'évocation de l'histoire du sujet ainsi séparé, de ce qu'il aime. Il s'agit de propos nostalgiques à la fois douloureux, consolateurs et restructurants. Au moment par exemple d'une séparation conjugale ou de la mort d'un être cher, il est très précieux que le sujet ainsi souffrant puisse se faire ou qu'on lui fasse le récit de son histoire commune avec celui-là ou celle-là qui est parti par abandon ou par décès. » La médiation familiale, qui débute par le récit de chacun, nous semble parfaitement remplir ce rôle et faciliter la séparation, d'où l'intérêt de ne pas court-circuiter cet épisode fondamental de la séparation, qui permet de la penser, de la mettre en mots. Yves Prigent ajoute qu'il est important de « situer ce qui est perdu, mais aussi de reconnaître ce qui est encore là et de s'en réjouir ». Repérer et nommer ce qui ne s'est pas englouti dans le gouffre, n'est-ce pas déjà être inscrit dans le processus de la médiation ? Enfin, les processus facilitants peuvent relever du registre d'une réalité assez concrète et assez simple. Winnicott distingue les petits soins (*cure*) du prendre soin (*care*), mais c'est bien dans ces deux registres que doit se situer la médiation. Être aux petits soins de la partie souffrante des personnes qui se séparent en leur offrant un cadre et un lieu pour dire la souffrance et la blessure narcissique. Faire en sorte que chacun puisse à nouveau prendre soin de soi et trouve une nouvelle raison d'exister. D'une façon générale, dit Yves Prigent, « toutes les procédures d'hygiène narcissique, c'est-à-dire qui permettent au sujet de se reconstituer, de se retrouver, de "se refaire", sont tout à fait recevables et utiles ».

Madame Z., dont nous avons évoqué la possible séparation après 24 ans de mariage, illustre l'analyse d'Yves Prigent. L'annonce du départ marital provoque un effondrement narcissique, aisément repérable dans les propos tenus : « J'étais effondrée, inutile, perdue, moche, c'était un cauchemar dont je voulais me réveiller ». Mais Madame Z. énonce aussi les « petits soins » dont elle a su s'entourer :

> Il a fallu que j'apprenne à m'occuper de moi, à sortir faire une promenade, à prendre soin de mon physique pour pouvoir continuer à tenir et à exister. Du coup, mes absences l'ont étonné, il s'est inquiété de savoir pourquoi je m'habillais, où j'allais. J'avais toujours été et voulu être transparente, et là j'avais moi aussi mes zones d'ombre, des espaces personnels.

Aidons-nous les enfants au niveau de ces petits soins qui permettent de se reconstituer ?

Grands ou petits, mineurs ou adultes, tous les enfants sont, semble-t-il, touchés par la parentalité développée par leurs parents. L'impact n'est sans doute pas le même selon le degré d'élaboration et de maturité des enfants, mais la médiation familiale s'inscrit dans le temps long de la famille, dans le temps des émotions à jamais remaniées, réactivées. À ce titre, elle peut aider les enfants à passer ce cap difficile.

5

Penser la médiation familiale

La connaissance est toujours un butin
Maxime Gorki

Médiateurs divisés cherchent médiation !

Penser la médiation familiale, c'est accepter d'affronter les questions qui divisent les médiateurs dans la délimitation du champ d'intervention, les indications, les contre-indications, la méthode... Des médiateurs en panne de communication ? « Les cordonniers sont les plus mal chaussés », dit-on. Preuve s'il en est qu'être un spécialiste de la médiation ne protège pas des conflits inter et intra professionnels. La lecture des différentes communications sur le sujet nous offre un panorama des incertitudes.

Tout commence avec le premier entretien qui donne le cadre de la médiation familiale. Faut-il ou non prendre en compte la dimension conjugale, s'ouvrir à l'expression du conflit de couple ou se focaliser sur la dimension parentale ? Dès cette première étape, les positions divergent, comme le note Jean Gréchez

(2005), lui-même médiateur. « Suivant l'approche clinique du médiateur, ce déballage sera autorisé ou ne le sera pas ». Le terme déballage employé par l'auteur suggère l'impudeur, l'exposition non maîtrisée, même si Jean Gréchez reconnaît par ailleurs que « dans une approche psychanalytique où le conflit a tout son sens et son utilité, il est nécessaire et fera l'objet de toutes les attentions ». Sans renoncer à ce préalable, Jean Gréchez en fait cependant un temps d'évaluation de la faisabilité de la médiation. « Cette exposition de reproches, de cris, de larmes et les réactions qu'elle va provoquer vont permettre un diagnostic préalable d'indication ou de contre-indication à la médiation familiale ». Le premier constat qui s'impose, si l'on suit cette analyse, est que pourraient être éliminés de la médiation les couples qui en auraient le plus besoin. Des cris et des larmes sont acceptés certes, mais feutrés, modérés, ce qui suppose une idée *a priori* de la bonne manière d'exprimer la souffrance et les émotions. À l'inverse, nous pensons, comme le note Pierre Bourdieu dans *Ce que parler veut dire* (1982), que toute situation linguistique traduit un rapport de pouvoirs. Ce n'est pas au médiateur de dire, avec sa culture, comment il faut exprimer la souffrance, ce qui est dicible ou non. Il ne lui appartient pas de définir la norme linguistique adéquate. Le croire reviendrait à fermer la porte aux populations peu habituées à manier le langage. Dès lors, la médiation familiale serait réservée aux parents dotés de compétences linguistiques (la maîtrise plus ou moins accomplie du langage légitime), mais aussi de compétences sociales (le droit à parler, qui dépend objectivement du sexe, de l'âge, du statut économique et statut social).

Le deuxième point de discorde entre les médiateurs pourrait être trouvé dans une nouvelle limite proposée par Jean Gréchez. Pour ce dernier, « seules des personnes physiquement séparées sont reçues en médiation. Il est clair qu'en se positionnant ainsi on se différencie des textes officiels ou de certains auteurs qui considèrent qu'un médiateur familial pourrait intervenir à tout moment d'un conflit ». La posture de Jean Gréchez situe l'intervention du médiateur « après la bataille », lorsque le processus de négociation est exclusivement en jeu. Ce choix est justifié par des arguments empruntés au champ de la psychanalyse. Ainsi Jean Gréchez se refuse à transformer la « médiation en travail d'aide à la décision de séparation », les personnes devant avoir fait le deuil du couple sexuel et opéré une « désintrication du conjugal et du parental ». Les situations que nous avons présentées montrent que nous ne partageons pas cet avis.

Le troisième point de rupture porte sur une certaine vision de l'autonomie des personnes et la question du désir. Jean Gréchez critique la pratique des médiateurs qui « acceptent d'écrire à la place d'un des parents » pour renouer le contact ou qui œuvrent à rendre possible la médiation en servant de lien pour proposer un rendez-vous. Cette pratique est, selon l'auteur, « une transgression du principe d'abstinence qui, dans ce cas, précipite les personnes dans la satisfaction du désir du médiateur au détriment d'une démarche qui leur appartienne ». Sont en cause ici la question du désir et celle du sens à attribuer au terme médiation. Rien n'interdit, selon nous, aux personnes jointes par une lettre du médiateur de refuser le rendez-vous. Le médiateur ne formule pas cette proposition de rencontre en son nom, mais bien au nom du parent demandeur. La médiation a pour objet d'intervenir entre des personnes pour faciliter un accord, et l'on ne voit pas pourquoi le médiateur s'interdirait de servir de messager et de jouer le rôle de facilitateur.

Fanny, une médiation en prison

Pour illustrer la position qui est la nôtre, nous évoquerons l'histoire singulière de Fanny, 34 ans, incarcérée. Par courrier, cette femme demande au service un entretien d'information sur la médiation familiale, car elle veut préparer sa sortie. Fanny a eu deux filles avec un compagnon qui a refait sa vie. Elle ne voit plus depuis longtemps ni ses filles ni lui. Fanny a peur de son déphasage à sa sortie. Elle désire reprendre contact avec ses enfants, avec l'aide d'un tiers, pour tenter de renouer le dialogue. Le service social de la prison l'a orientée vers la médiation familiale. Dans un premier temps, le médiateur a un entretien individuel avec Fanny au sein de la prison. Fanny explique qu'elle est incarcérée depuis l'âge de 19 ans pour le meurtre d'un homme, SDF, effectué en compagnie de deux copains d'errance, tous mineurs à l'époque. Ce temps d'emprisonnement lui a permis, dit-elle, de prendre du recul, d'engager une thérapie et de se former à un métier qui lui permettra de gagner sa vie à sa sortie. Elle désire et craint tout à la fois sa libération… Fanny décrit ses passages difficiles, son enfance chaotique auprès d'une mère absente et d'un père alcoolique et violent, son procès, sa responsabilité de jeune majeur face aux deux autres mineurs. Son compagnon a pu garder les deux filles. Ils sont venus régulièrement au début, puis les visites se sont espacées. Depuis deux ans, Fanny ne voit plus personne et ne reçoit plus de courrier. Rencontrer ses filles à sa sortie, voir leur lieu de vie, sont ses principales demandes. Le rôle du médiateur est d'écrire un courrier à Monsieur (validé par Fanny), de proposer une invitation pour une information à la médiation familiale. Le travail s'arrête là. Un mois plus tard, Fanny envoie une lettre de remerciements au service, indiquant que, suite à ce courrier, Monsieur s'était déplacé lors d'une visite à la prison et qu'ils avaient pu évoquer des solutions pour sa sortie. Ce simple message avait suffi à « faire tiers », permettant ainsi une reprise de contact entre ces deux parents. Une seconde lettre suivra, annonçant la reprise des contacts avec les enfants et les modalités du travail d'accompagnement prévu pour la sortie définitive.

Le cas ci-dessus pourrait être un exemple de ce que C.W. Moore (1986) appelle la médiation à distance ou « caucus ». Ce type de médiation est généralement privilégié dans les cas de crise aiguë, où la violence risque de se manifester. Le médiateur intervient d'abord avec chaque partie jusqu'au moment où la confrontation devient possible. Dans le cas ci-dessus, les murs de la prison interdisent dans un premier temps toute communication directe, mais le médiateur peut maintenir une communication à distance, avec les deux parties, en attendant que celles-ci puissent se passer de ses services.

Enfin un quatrième point d'achoppement existe, il concerne la population susceptible d'avoir recours à la médiation. Pour certains auteurs, « la situation de conflits mettant face à face des parents et des enfants mineurs ne paraît pas relever d'une médiation familiale. En effet, le processus de médiation s'adresse à des personnes dont l'une des deux ne peut être sous l'autorité de l'autre... Ce type d'entretien médiatisé relève beaucoup plus d'entretiens thérapeutiques familiaux ayant pour but principal de soigner la relation familiale et non, comme c'est le cas du processus de médiation, d'accompagner la mise en œuvre d'une séparation des parties ». Nous avons montré comment la médiation pouvait aider à la défusion et à l'individuation d'enfants mineurs. La frontière est-elle si évidente entre « soigner la relation familiale » et mettre en œuvre « une séparation des parties » ? Nous ne le pensons pas dans la mesure où l'accompagnement à la séparation physique et psychique peut être l'objet même de ce soin, et que cette séparation nécessite parfois des aménagements concrets qui doivent être négociés. La notion de « parties au conflit » ne renvoie pas seulement à l'idée de deux adultes formant un couple, mais aussi à l'idée d'un parent et d'un enfant formant parfois un couple pathogène.

La médiation comme technique de gestion des conflits

La médiation familiale présente un caractère non juridictionnel, même si des articulations sont à penser entre le champ de la médiation et celui de la justice. Dans la médiation, « le conflit n'est pas éteint au moyen d'une décision qui tranche le litige en attribuant ou en refusant des droits ; le conflit prend fin par l'accord des parties. La solution n'est pas imposée par un tiers, mais elle est négociée et finalement acceptée par les parties en litige. C'est une justice consensuelle, car elle suppose l'adhésion des parties à la solution retenue. En ce sens, il s'agit, *a priori*, de la meilleure forme de justice possible, car elle aboutit à une solution acceptée par tous » Cette conclusion de Jean-Baptiste Racine (2001) mérite d'être discutée : il y a certes un intérêt commun à la résolution négociée du litige, mais même si une solution est trouvée et acceptée par les parties, il ne faut pas sous-estimer les conflits d'intérêts qui subsistent. Il est même possible de perdre à l'issue d'une médiation comme il est possible de conclure un contrat désavantageux. La médiation familiale ne peut donc évacuer la question de la négociation, même si celle-ci est la phase ultime du processus.

Cette technique s'apprend-t-elle et quelles sont les théories qui permettraient de développer un art et une science de la négociation ? Les techniques de négociation et les théories qui s'y rapportent sont-elles enseignées au médiateur ou celui-ci est-il laissé à son intuition, à son sens supposé inné du contact, à sa propre perception de l'équité ? La médiation familiale ouvre un vaste champ contractuel, autorisant le passage d'un droit imposé à une régulation négociée, mais encore faut-il définir des repères pour pouvoir manier la négociation et ne pas exacerber maladroitement le conflit existant. La médiation est l'organisation, notamment par l'intervention d'un tiers, de pourparlers pour aboutir à un accord mettant fin au conflit. Ce qui distingue ces discussions des pourparlers classiques, c'est l'intervention d'un tiers dont le rôle est de réduire les oppositions d'intérêts des parties et de faciliter la conclusion d'un accord. Ce tiers, dénué de tout pouvoir juridictionnel, n'est rien d'autre qu'un « accoucheur ».

Avant d'arriver à cet arrangement, un petit détour s'impose par la conduite de la négociation. Nous faisons le constat du faible intérêt porté à cette dimension, pourtant centrale, dans les ouvrages publiés. Tout se passe comme si accompagner un processus de négociation allait de soi, dès lors que le médiateur respecte les principes de neutralité et maintienne un cadre. Or, même si nous ne contestons pas ces principes, les indications données nous semblent embryonnaires. Si le médiateur est un « accoucheur », encore faut-il qu'il soit correctement formé et prévenu des incidents possibles dans ce processus maïeutique. Nous proposons donc de nous pencher sur la conduite de la négociation, en nous appuyant sur l'ouvrage exhaustif de Christophe Dupont, directeur d'un laboratoire de recherche sur la négociation (1994).

La négociation en médiation familiale, contours et spécificités

Envisagée d'un point de vue instrumental (c'est-à-dire de son résultat), la négociation est un système de décision par lequel les parties s'entendent d'un commun accord au lieu d'agir par voie unilatérale : par exemple, deux parents pour définir des dates de visites, le partage des frais éducatifs... Envisagée du point de vue du processus, la négociation est une activité qui met en interaction plusieurs acteurs confrontés à des divergences et à des interdépendances, mais qui choisissent de rechercher volontairement une solution mutuellement acceptable. Tous les éléments de cette définition sont importants et méritent d'être affinés.

La notion d'interaction suppose une forme et des modalités de communication qui devront être maîtrisées par le médiateur. Aucun d'entre eux n'ignore le poids des mots, mais aussi de la communication infra-verbale qui s'est souvent installée au sein des couples. Les divergences peuvent aller de simples malentendus à des conflits plus aigus et la « solution mutuellement acceptable » n'est jamais qu'un équilibre relatif, toujours susceptible d'être remis en cause. Si la négociation opère une reconfiguration, elle ne se fait pas sans paliers, sans avancées et reculs, des crispations, voire des stratégies que le médiateur devra décoder et canaliser. Négocier représente simultanément une anticipation, un espoir et un risque. Négocier ne va pas de soi, car la négociation implique des coûts (en temps, en énergie, en concessions) qui en diminuent l'utilité pour les parties intéressées. Les personnes ne s'engagent dans la médiation-négociation que si elles sont raisonnablement certaines que ce coût sera inférieur aux avantages minimaux que l'accord pourra faire obtenir ou préserver et, d'autre part, au coût que représenterait l'absence d'une solution négociée. Il y a sans doute « un coût d'opportunité » présent dans chaque médiation, ce qui explique le retrait parfois brutal d'un parent lorsqu'il considère que « le jeu n'en vaut plus la chandelle ».

Toute médiation comporte une plage de négociation ou une zone d'accord possible.

Repérer la plage de négociation

Le concept de « plage de négociation » apparaît dès les années trente dans les réflexions des théoriciens, mais cette plage n'est pas toujours facile à identifier ou à préciser. Elle fait directement appel à la théorie des jeux, mais le médiateur sait bien que le point à discuter ne se confond pas forcément avec le véritable enjeu. Il existe des enjeux déclarés, mais aussi cachés ou masqués, existants ou potentiels, qui risquent d'affecter le processus de médiation. Nous illustrerons cette difficulté par la situation d'Éliane et Gille qui viennent en médiation principalement pour un partage de maison.

Éliane et Gilles, une maison à partager

Éliane, 35 ans, et Gilles, 36 ans, sont séparés depuis un an et demi. Elle est cadre administrative et Gilles informaticien. Ils ont deux filles, Camille et Mathilde, âgées de 8 ans et 5 ans. Ils ne sont pas mariés, mais souhaitent réfléchir à l'organisation de leur séparation, tant sur le plan de la vie des enfants que sur le partage de leurs biens. Ils ne souhaitent pas revenir sur leur histoire de couple dans le premier entretien, ils y sont même réfractaires et se sont mis d'accord sur ce qui devait rester secret. C'est Éliane qui a quitté le domicile conjugal, la maison dont ils sont tous les deux propriétaires. Gilles est resté dans leur maison tandis qu'Éliane louait un appartement dans le quartier afin d'installer une résidence alternée pour leurs filles. Comme c'est Éliane qui perçoit le plus haut salaire, c'est elle qui a décidé de laisser la maison à Gilles, sans versement de loyer. Éliane assume ainsi tous les frais pour les deux résidences. Le récit de l'histoire du couple s'est déroulé avec calme, respect de la souffrance de l'autre, sans griefs apparents, tant leurs différences de goûts les amenaient à une sorte d'incompatibilité à la vie commune. L'organisation de la résidence alternée pour leurs deux filles, son expérimentation et leur volonté à tous deux de trouver les meilleures conditions de vie possibles pour elles, leurs échanges sur les comportements de l'une et l'autre à leur domicile ont pris beaucoup de temps. Les discussions étaient denses et chacun respectait les observations et les idées de l'autre. Puis est arrivée la question du sort de leur maison. Fallait-il la vendre ? La garder ? Qui pouvait la racheter ? Fallait-il la laisser en indivision ? Tout à coup, cette maison, lieu de l'intimité du couple et de la famille, devenait un sujet brûlant et ni l'un ni l'autre ne parvenait à se positionner. Nous avons passé deux séances à débattre de cette question épineuse. Madame pouvait racheter sa part, mais Monsieur n'était pas d'accord sur le prix. Monsieur ne pouvait pas la racheter et exigeait un prix très élevé pour mieux réaliser un futur achat dans le même quartier. De plus, il ne voulait pas partager la plus-value, estimant Madame plus fortunée que lui et lui reprochant d'avoir quitté le domicile conjugal trop rapidement. Autour de cette maison, plus rien n'était possible et le ton montait. Aucune solution ne parvenait à être entendue des deux partenaires. Quels secrets, quelles douleurs n'avaient-ils pas dit ? Quelle collusion de couple avaient-ils réalisé en évitant de parler peut-être de l'essentiel dans leur relation ? À cette question, le médiateur eut brutalement la réponse. En fin de séance, Éliane se lève brusquement, très en colère et, en tremblant, s'adresse en criant à son compagnon :

> Tu n'es qu'un minable, un éjaculateur précoce. Tu m'as fait des enfants sans que je sois devenue femme. C'est pour cela que je t'ai quitté. Je n'en pouvais plus. Maintenant, je suis devenue une femme. Je n'ai jamais eu le moindre plaisir sexuel avec toi, tu n'es qu'un enfant et tu te permets de faire des histoires pour trois fois rien alors que je t'ai facilité les choses et que j'ai tout payé, comme une mère ! On s'était mis d'accord au départ pour ne pas parler de notre sexualité, ce n'était pas intéressant. Eh bien ! ça y est, j'ai été obligée de le dire dans la colère, de te le crier en pleine face. Parce que tu veux tout avoir, même cette maison !

Cette fin de séance a été difficile pour l'un et l'autre. Elle n'a pas été simple pour le médiateur confronté à une rupture de la collusion initiale. Il a fallu contenir et calmer longuement Éliane et demander à Gilles de partir, en lui disant que nous reprendrions les choses plus tard. Mais, à la séance suivante, nous avons entendu les reproches de Gilles qui s'était senti abandonné. Le médiateur est seul, face au couple et, dans cette solitude, il est confronté à la nécessité de faire le choix, dans l'urgence, de la personne qui nécessite le plus de *holding*, au sens winnicotien du terme. Le dialogue s'est à nouveau rétabli et a porté sur les insatisfactions communes, les incompréhensions et les besoins actuels des deux parties, puis chacun rebondit de son côté tout en gardant le souci de partager véritablement l'autorité parentale. À une autre séance, Gilles et Éliane se sont mis d'accord sur la vente de leur maison qu'ils ne rachètent plus ni l'un ni l'autre et le partage à égalité des sommes dues pour la négociation. Nous faisons le constat que, tant que le sujet de leurs insatisfactions communes n'a pu été abordé, rien ne parvenait à se régler dans la liquidation de leurs biens matériels. « Quand on aime, on ne compte pas, mais quand on n'aime plus, on fait les comptes », nous dit le vieil adage !

Pour Jean Lemaire (1979), dans son livre *Le couple, sa vie, sa mort*, les forces qui poussent à s'aimer et à se choisir s'organisent de manière soit pulsionnelle, soit défensive, soit protectrice. Éliane a voulu, semble-t-il, combler les manques de Gilles, être sa mère, puis s'est lassée de cette défaillance de son partenaire, y compris sexuelle. Quand le rôle de protecteur chute, le couple est profondément déstabilisé. Jean Lemaire analyse le choix du partenaire et note que la distribution des rôles inconscients avec leur enchevêtrement spécifique crée la force de l'attraction mutuelle, qu'il appelle « le principe de collusion ». Il entend par là le jeu inconscient des attitudes des deux partenaires dont l'évolution affective est marquée de caractères communs, liés, chez chacun d'eux, à une problématique non résolue et refoulée chez l'un comme chez l'autre. La collusion serait donc un moyen de maintenir inconsciemment le *statu quo* et de refouler toute perception désagréable. Jean Lemaire montre ainsi que Roméo et Juliette sont d'autant plus amoureux qu'ils meurent avant même de consommer. En période de crise, cet aveuglement est tel que le conjoint peut aller jusqu'à scinder le partenaire en deux avec une partie idéalisée et une partie jugée mauvaise, mais dont il ne serait pas responsable. La construction du couple s'établit ainsi non pas sur la personne, mais sur une image idéalisée de l'autre, avec un refus du réel. À l'issue de cette lune de miel, la désidéalisation devient une crise dont on peut sortir de différentes façons : l'agressivité et le désinvestissement, la dérivation autour de l'enfant, la création de liens nouveaux, sorte de recréation du conjugal après une phase de deuil. Dans le cas d'Éliane et Gilles, la protection des enfants a maintenu le couple pendant un temps, mais Gilles et Éliane n'ont pu jeter les bases d'un nouveau couple. Gilles sans doute le regrette en notant qu'Éliane est partie trop tôt de la maison. Pour Éliane priment l'agressivité et le désinvestissement conduisant à la mort du couple. Une dernière fois, Gilles qui ne l'a jamais satisfaite physiquement lui refuse le plaisir, celui de posséder la maison, d'où cette explosion de rancœur et la rupture du contrat visant à protéger l'intimité du couple.

La négociation entre Gilles et Éliane s'était organisée autour d'une zone partiellement délimitée, mais à l'évidence des rancœurs cachées sont venues polluer le déroulement de la médiation. Gérard Poussin évoque avec une autre terminologie le dilemme du médiateur qui doit choisir (s'il le peut) entre une médiation partielle ou une médiation globale. Il note que « la médiation familiale est en générale globale : elle traite de la totalité des problèmes souvent imbriqués que l'on rencontre dans les séparations ». Il ajoute que « les études qui ont été réalisées aux États-Unis montrent que les médiations partielles (ne portant que sur un aspect, comme par exemple le droit de visite) ont de moindres résultats ». La médiation globale apparaît donc préférable, « mais il faut souligner le fait que ce sont les parents qui doivent décider en la matière, et non les professionnels ». Dans le cas de Monsieur et Madame K., un accord avait été conclu au sein du couple pour limiter la médiation au plan matériel. On voit comment *in fine* sont revenus sur la scène des éléments masqués, non résolus, qui ont failli entraîner une rupture de la médiation.

Maîtriser le jeu des acteurs et ses dérives

Par là même, toute médiation comporte des risques. La tension de la discussion, l'aveuglement, l'omniprésence de l'émotion, la volonté égocentrée d'aboutir, la crainte de ne pas obtenir ce que l'on veut, la peur de la compétition, l'angoisse de ne pas être compris, l'incapacité de contenir des tendances inscrites en soi et agissantes dès qu'il y a danger (crier, s'énerver, agresser, se replier) font que chacun peut être prisonnier de ce qui est en train de se passer. Les théoriciens de la négociation distinguent quatre scénarios à risques, utiles à connaître du médiateur.

Le premier est celui de la polémique, de l'affrontement (du grec *polemikos*, relatif à la guerre). Les protagonistes jouent essentiellement en contre ; ils sont sur la défensive, et la médiation ressemble à une guerre des tranchées, à un simulacre de médiation. Il reste au médiateur à dénoncer cette polémique, à la contrôler ou à y mettre fin, selon le degré de tension qu'il peut admettre et supporter.

Le second est le passage en force, qui se traduit par une domination de l'une des parties, une mainmise sur l'échange. C'est cette crainte d'une perte de l'équilibre au profit des hommes qui est dénoncée par certaines féministes, privilégiant un recours au droit, censé être plus protecteur. Cette posture n'est pas seulement masculine et peut-être prise par une femme, en particulier lorsqu'il s'agit de s'approprier l'enfant ou la maison. Celui qui veut passer en force ne voit plus son interlocuteur, ne l'écoute pas, ne l'entend pas. Le passeur en force est le promoteur de sa solution, à charge pour le médiateur de ne pas tomber dans le piège tendu qui mettrait à mal le principe de neutralité.

Le recours au stratagème constitue le troisième facteur de risques et le médiateur ne peut ignorer qu'il est susceptible de rencontrer des personnalités perverses, manipulatrices. « Se faire piéger, se faire abuser » reste du domaine du possible. La médiation est un théâtre d'influence où la ruse peut s'installer à l'insu du médiateur. Le stratagème a suscité quantité de travaux, preuve de l'intérêt, mais aussi de la crainte qu'il suscite. Les formes du stratagème sont multiples et variées. On distingue la manipulation, le sophisme ou l'influence par l'éloquence, la ruse, la tactique dite de la culpabilité qui vise à attaquer l'autre en lui demandant des comptes, la tactique dite de l'ajournement qui vise à remettre éternellement à demain une prise de décision… Enfin le stratège né peut engluer son partenaire dans l'affectivité, l'intimidation, la déstabilisation…

Le dernier scénario à risques est celui qui laisse sans doute le plus de traces affectives : la disqualification. Nous entendons « par disqualification toute transgression délibérée du principe d'intégrité et de légitimité des personnes se confrontant. Disqualifier consiste donc pour l'essentiel à dépasser les interdits admis par l'éthique, le système des valeurs, le cadre juridique » (Bellenger, 1994). Le catalogue des procédés de la disqualification est fort riche, l'homme ne manquant pas d'imagination quand il s'agit d'attaquer. On trouve les attaques personnelles, la calomnie, les procès d'intention, la mauvaise foi, l'intimidation ou le chantage, la dérision… autant de procédés qui prouvent un dérèglement malsain de l'interaction. Dans tous ces scénarios, une forme d'attaque contre l'autre est présente. Reste à savoir où mettre la limite du supportable et de l'acceptable pour tous les acteurs. Lorsque le médiateur décode des pratiques trop agressives, il peut mettre fin à la médiation.

Savoir arrêter une médiation trop conflictuelle

À titre d'illustration, nous voudrions présenter la médiation interrompue de Camélia et Norbert, introduite au sujet de Karl, un petit garçon de 3 ans qui n'a jamais vécu avec son père. Curieusement, c'est un frère de Norbert qui appelle le service de médiation, indigné par la manière dont son frère est traité lors des visites à son enfant, qui se passent devant le domicile de la mère. Chaque droit de visite s'accompagne, semble-t-il, de propos insultants de la mère. Ces scènes entraînent un rejet massif de l'enfant vis-à-vis de son père. Celui-ci vient très vite à la médiation. Sa demande est simple : il désire rencontrer son enfant chez ses parents, âgés de 92 et 82 ans, entouré de tous ses cousins, ce que refuse la mère. Norbert explique que cet enfant a été conçu unilatéralement, que cette relation a été éphémère pour lui. Précédemment, il n'avait pas prêté attention à Karl, mais, étant sûr maintenant d'être le père, il désire avoir des droits d'hébergement et de visites et ne comprend pas les réticences de la mère. Camélia a 37 ans, vit seule, est divorcée et mère de deux autres enfants, âgés de 19 ans et 16 ans. Quand elle rencontre Norbert, celui-ci est célibataire, a le même âge qu'elle et fait partie d'une famille issue de la bourgeoisie, avec une fratrie importante dont il est le dernier. Pour Camélia, cette rencontre est « un rêve », bien engagé, semble-t-il, puisque Camélia est introduite dans la famille de Norbert. Ce dernier évoque un désir de paternité, il a 37 ans, et sa demande paraît sincère à Camélia, qui se découvre enceinte moins de quinze jours plus tard. L'annonce est apparemment bien accueillie avant que rapidement des turbulences ne s'installent dans le couple. Les dissensions sont telles que Camélia propose un avortement, refusé par Norbert. La grossesse de Camélia est solitaire, difficile à la fois sur le plan médical et psychologique. C'est la grand-mère maternelle qui apprend à Norbert la naissance de Karl. Auparavant, Camélia avait envoyé trois lettres recommandées au père, restées sans réponse. Cependant, Norbert vient à la maternité avec des fleurs et des cadeaux, mais la première reconnaissance de l'enfant est faite par la mère. Au terme de deux années, Camélia fait une demande de pension alimentaire qui déclenche une procédure de reconnaissance en paternité. Après un test d'ADN, Norbert reconnaît son fils et demande immédiatement un droit d'hébergement et de visites. Il s'ensuit des procédures engagées par l'un et l'autre. La décision de la cour d'appel statue dans un premier temps sur l'organisation des visites du père au domicile de la mère, puis ensuite chez les grands-parents paternels, lorsque l'enfant sera suffisamment en confiance avec son père. Ce petit garçon de trois ans devient l'enjeu d'une lutte de pouvoir entre ses deux parents. Les visites se passent mal et ni l'un ni l'autre ne sont en mesure de réfléchir à la situation de leur enfant, traité comme « objet », sans être en mesure de prendre conscience de sa propre réalité psychique. C'est dans ce contexte tendu que la médiation débute. Or, rien ne sera possible pendant les deux entretiens. Aucun des deux parents ne pourra entrer dans le processus de négociation lié à la médiation. L'affrontement sera constant, chacun s'estimant floué par l'autre ; aucun des deux ne pourra s'identifier à l'enfant et percevoir son désarroi. Devant un tel blocage, le médiateur mettra volontairement fin à cette tentative, préconisant d'abord la rencontre du père avec son fils dans un point rencontre, afin qu'ils fassent connaissance avant de connaître, dans un second temps, le lignage paternel. Le recours au juge des affaires familiales qui désigne et définit les places et les intérêts de chacun est apparu comme un premier temps essentiel dans cette guerre déclarée. Cet exemple montre que le médiateur a tout intérêt à s'interroger sur l'interaction dominante à l'œuvre entre les protagonistes afin de savoir comment se comporter. Il ne suffit pas de dire que le médiateur doit être neutre ; son rôle est actif dans le maintien d'un climat équilibré.

De même, le médiateur ne peut ignorer que son intervention peut avoir un effet inverse à l'effet voulu et aggraver la situation initiale. En juillet 2006, la Caisse des allocations familiales a lancé une première étude de satisfaction auprès de

232 « médiés », hommes et femmes. 47 % notaient avoir obtenu un accord sur l'ensemble des points abordés, 27 % sur quelques points et 8,4 % sur aucun point. Notons que l'appréciation est subjective et sexuée. Les hommes et les femmes n'ont pas toujours les mêmes attentes vis-à-vis de la médiation. Il semble que les femmes soient plus satisfaites du déroulement de la médiation et de ses effets relationnels, alors que les hommes sont plus satisfaits des résultats concrets concernant notamment la contribution financière et les modalités de paiement.

Les principes fondateurs de la médiation

Revenons donc *in fine* sur les principes fondamentaux de la médiation avec un regard plus exigeant. Trois principes fondamentaux de la médiation familiale peuvent être énoncés : la neutralité du médiateur, l'impartialité du médiateur et la confidentialité de la médiation. Ces trois principes offrent une garantie d'équité et de sérénité aux participants. Laurent Benoiton, juriste (2002), nous aide à clarifier ces notions qui, sous une apparente évidence, s'avèrent fort complexes.

Médiateur « aviseur » ou médiateur « accoucheur » ?

La neutralité et l'impartialité ne sont-ils pas synonymes ? Pourquoi avoir choisi deux termes pour sécuriser la médiation familiale ? Laurent Benoiton note que « les deux termes n'ont pas la même signification. La neutralité est l'absence de prise de position du médiateur sur la situation litigieuse, tandis que l'impartialité est le fait pour le médiateur de ne pas accorder plus d'importance à l'opinion de l'une des parties par rapport à l'autre et de préserver leur égalité durant le processus de médiation. » La notion de neutralité participe de l'essence même de la médiation et lui est spécifique. En effet, l'article III de la Recommandation européenne n° R (98) 1 prévoit que « le médiateur est neutre quant à l'issue du processus de médiation ». Son rôle est d'aider les parties à négocier ensemble et à trouver un règlement par eux-mêmes. Les parties doivent être les seuls auteurs de l'accord et le médiateur, en tant que tiers neutre, ne peut leur proposer une solution, ni leur imposer un règlement. La neutralité s'explique par l'objectif de réappropriation du litige par les parties. Il est également interdit au médiateur de prodiguer des conseils aux parties, notamment des conseils juridiques. Il doit se contenter de diriger le processus de négociation. Henri Motulsky[1] nuance cependant ce postulat et remarque que « l'ascendant personnel du médiateur peut déterminer les parties à accepter des solutions auxquelles, laissés seules en face l'une de l'autre, elles n'auraient jamais adhéré ».

Synthétisant ces différentes approches, Laurent Benoiton note que « l'acception plus ou moins étendue du concept de neutralité a conduit les auteurs, dont Bertrand Moreau, à distinguer deux conceptions du rôle du médiateur ». La première est celle du « *médiateur aviseur* », que l'on retrouve principalement dans les pays de *Civil law* tels que la France. Le médiateur ne s'interdit pas de proposer une solution. La seconde conception est celle du « *médiateur-accoucheur* », retenue surtout par les pays de *Common Law*. Le médiateur est alors une tierce personne qui ne s'attache qu'à la négociation et qui intervient plus sur le processus que sur le contenu.

Le dilemme médiateur- « *accoucheur* », médiateur- « *aviseur* », a des incidences pratiques non négligeables pour la médiation familiale. On peut facilement imaginer que le choix d'une posture dépend tout autant de la personnalité du médiateur, de son parcours professionnel et personnel que de la situation. Tout est affaire de dosage. S'il est difficile de ne pas glisser aux parties une opinion qui devient vite un avis ou un conseil, il revient au médiateur de ne pas endosser trop volontiers cette posture d'aviseur. Laurent Benoiton nous alerte sur les conséquences possibles de ce positionnement. En effet, rien ne dit qu'un parent ne puisse pas un jour mettre en cause la responsabilité du médiateur, si celui-ci n'a pas été de bon conseil. « L'issue éventuellement préjudiciable de l'avis donné conduit à s'interroger sur une éventuelle responsabilité pour faute, ce qui peut avoir toute une série d'issues à la fois théoriques et pratiques ». C'est l'avenir de la médiation qui est en jeu. Faudra-t-il que les médiateurs professionnels contractent des assurances volontaires ou obligatoires ? Nous pensons que la neutralité n'est jamais acquise, qu'elle est toujours à questionner. Les situations multiples et singulières de médiation familiale ne sont pas sans susciter des émotions propres au médiateur, sans générer des affinités ou des rejets non dits (transfert/contre-transfert), voire inconscients, d'où l'intérêt de maintenir une supervision et une analyse de pratiques pour maintenir cette exigence de neutralité et d'impartialité. Gérard Poussin (2005, p 184) note également l'extrême sensibilité des parents et combien le silence du médiateur peut être interprété comme une position favorable à l'une des parties. Notre pratique de la médiation confirme cette tension constante : le simple fait par exemple d'accueillir l'une des parties en premier, ou que l'un des parents s'attarde après la séance, peut générer tous les fantasmes. Que se sont-ils dits ? Y-a-t-il collusion, préférence, empathie sélective ? D'où l'intérêt d'être très vigilant sur le soin accordé à ces temps de passage.

L'importance de la confidentialité

La recommandation européenne n° R (98) 1 sur la médiation familiale prévoit que « les conditions dans lesquelles se déroule la médiation familiale devraient garantir le respect de la vie privée ». Plus loin, elle ajoute que « les discussions qui ont lieu durant la médiation sont confidentielles et ne peuvent pas être ultérieurement utilisées, sauf avec l'accord des parties ou dans les cas permis par le droit national ». Ainsi le médiateur ne doit délivrer à quiconque aucune information obtenue à l'occasion de la médiation sans obtenir le consentement exprès de chaque partie. La confidentialité concerne aussi bien la médiation conventionnelle que la médiation judiciaire (article 24 alinéa 2 de la loi du 8 février 1995). Cette obligation nous semble importante à rappeler dans le contexte sociétal actuel. Peut-être faisons-nous preuve de pessimisme ou d'une extrême vigilance, mais la médiation s'inscrit dans un contexte qui est en train de bouger. Les récentes modifications sur la prévention de la délinquance prévoient une levée de la confidentialité dans plusieurs domaines. Dans le projet de loi sur la prévention de la délinquance, les pouvoirs du maire sont augmentés. Celui-ci devient le pivot de l'action, au niveau informatif, puisque tout éducateur devra informer ce dernier de l'aggravation d'une situation familiale, mais aussi au niveau propositionnel puisque le maire pourra désigner un coordonnateur (après accord de l'autorité dont il relève) pour veiller à l'efficacité et à la continuité d'une action sociale auprès d'une famille. Le maire présidera le conseil pour les droits et devoirs des familles (CDDF), nouvelle structure facultative qui devrait voir le jour, et il pourra proposer un accompagnement parental. Ce même conseil des droits et des devoirs des familles pourrait être informé de la conclusion d'un contrat de responsabilité parentale (Art L.222-4-1 du code de l'action sociale), signé par les parents en cas d'absentéisme scolaire de leur enfant, de trouble porté au fonctionnement de l'école ou de toute autre difficulté liée à une carence de l'autorité parentale. Enfin, le CDDF pourrait proposer au maire de saisir le président du conseil général en vue de la mise en œuvre d'une mesure d'accompagnement en économie sociale et familiale. Toutes ces mesures ne concernent pas directement la médiation familiale, mais du moins la famille et l'on peut se demander combien de temps la médiation familiale pourra rester un espace privé, n'ayant pas de comptes à rendre. Le maire pourra-t-il un jour demander à être informé de l'existence d'une médiation familiale pour telle ou telle famille ? Signalons que la question existe déjà dans les liens noués avec la CAF. Celle-ci exige une attestation sur l'honneur concernant les revenus de chaque personne en médiation. La CAF peut donc détenir l'identité des personnes. Si celle-ci n'est actuellement pas utilisée, qu'en sera-t-il demain ?

En ce qui concerne la personne du médiateur, l'article 24 alinéa 1 énonce qu'il est tenu au secret professionnel. Quand la médiation prend fin, le médiateur n'est pas obligé de remettre un rapport au juge sur les propos tenus devant lui. Selon l'article 24 alinéa 3 de la loi de 1995 et l'article 131-11 du NCPC, le médiateur informe simplement le juge de ce que les parties sont ou non parvenues à trouver une solution au conflit qui les opposait. Dans la médiation judiciaire, la confidentialité fait retrouver au médiateur l'indépendance qui est la sienne dans la médiation conventionnelle. Souhaitons que cet état de fait perdure, et rappelons que cette confidentialité ne cède que devant la découverte de mauvais traitements, comme le préconise la recommandation européenne.

La difficile articulation entre la médiation familiale et la justice

Nouvelle mesure dans le champ de la régulation des conflits, la médiation familiale entretient des rapports complexes avec la justice. Nous y sommes d'autant plus sensibles que la médiation familiale, dans laquelle nous intervenons, appartient au champ de la sauvegarde de l'enfance. Sur le plan juridique, les choses sont claires (voir encadré, p. 154), elles le sont moins sur le plan de l'évolution des mentalités.

Une demande en médiation déboutée

L'histoire de Madame G. en témoigne. Elle. est séparée depuis huit ans et mère de deux enfants de 15 et 11 ans dont elle a la garde. La séparation s'est faite sans intervention extérieure, avec des problèmes classiques réglés par le couple dans un premier temps. La tension augmente à la suite de deux événements qui viennent modifier l'équilibre existant. Madame G. recrée un couple avec un homme, père de deux enfants, et est licenciée en 2004. Pour la première fois en cinq ans, elle demande donc une pension alimentaire au père des enfants, ce qui entraîne un passage en justice. Le fils aîné est également demandeur d'une reprise des liens avec son père. Suite à une altercation père-fils, où l'adolescent a exprimé à son père un certain nombre de reproches (comme la discontinuité des visites), le père a interrompu toute sortie avec son fils. Il ne prend, tous les quinze jours, que la petite fille âgée de onze ans. Devant la souffrance de son fils, Madame G. s'adresse au juge aux affaires familiales et demande une médiation avec son ex-compagnon pour renouer des contacts et remettre en place des liens père-enfant. L'avocat de l'enfant appuie la demande. En théorie, rien ne s'oppose à cette demande de médiation. Monsieur G. n'est certes pas présent à l'audience, mais la juge des affaires familiales a le pouvoir de proposer une médiation, voire de faire une injonction concernant l'une des parties à se présenter à une réunion d'information. Pourtant, Madame G. est déboutée de sa demande. La juge aux affaires familiales irritée note que « c'est le monde à l'envers, que les mères ne demandent pas en général une reprise des liens de leur enfant avec le père ». Elle refuse d'entendre le jeune garçon. Le conflit sera en partie résolu non par la justice, mais par la grand-mère paternelle qui fera pression pour revoir son petit-fils et obtenir de son fils un assouplissement de sa posture. Monsieur G. refuse néanmoins toute rencontre avec son ex-femme, y compris dans les réunions d'orientation sur le plan scolaire. Une médiation aurait pu être proposée, sans préjuger de l'acceptation ou du refus. Elle ne le sera pas en raison d'une position qui nous semble plus idéologique que juridique.

Le cadre juridique de la médiation familiale
(GEMME, 2005)

Loi du 8 février 1995 relative à l'organisation des juridictions et à la procédure civile, pénale et administrative (*J.O.* du 9 février 1995) suivie d'un décret d'application n° 96652 du 22 juillet 1996 (*J.O.* du 23 juillet 1996) : article 131-1 à 131-15 du NCPC.

Loi n° 2002-305 du 4 mars 2002 relative à l'autorité parentale suivie d'un décret d'application du 3 décembre 2002 **article 373-2-10 du code civil** :
« En cas de désaccord, le juge s'efforce de concilier les parties. À l'effet de faciliter la recherche par les parents d'un exercice consensuel de l'autorité parentale, le juge peut leur proposer une mesure de médiation et, après avoir recueilli leur accord, désigner un médiateur familial pour y procéder.

Il peut leur enjoindre de rencontrer un médiateur familial qui les informera sur l'objet et le déroulement de cette mesure »

Article 1071-3 du NCPC :

« La décision enjoignant aux parties de rencontrer un médiateur familial en application de l'article 373-2-10 troisième alinéa du code civil n'est pas susceptible de recours ».

Loi n° 2004 du 26 mai 2004 relative au divorce (*J.O.* du 27 mai 2004) (*entrée en vigueur de la loi fixée au 1er janvier 2005*).

Article 255 du code civil – *« Le juge peut notamment :*

1°) Proposer aux époux une mesure de médiation et après avoir recueilli leur accord, désigner un médiateur familial pour y procéder ;
2°) Enjoindre aux époux de rencontrer un médiateur familial qui les informera sur l'objet et le déroulement de la médiation… »
Dans la loi du 26 mai 2004, la médiation apparaît comme une mesure essentielle : c'est la première mesure possible pour le juge aux affaires familiales, dans le cadre d'une ordonnance de non conciliation. Cette médiation a une vocation très générale qui ne concerne plus seulement les enfants, mais aussi les mesures personnelles et patrimoniales.

Article 1108 du NCPC :

« À la notification par lettre recommandée des convocations, pour l'audience de tentative de conciliation, est également jointe, à titre d'information, une notice exposant, notamment les dispositions des articles 252 à 254 du code civil relatifs à la conciliation, et aux mesures provisoires, ainsi que les dispositions des 1 et 2 de l'article 255 du code civil » relatifs à la médiation familiale. Décret n° 2003-1166 du 2 décembre 2003, et arrêté du 12 février 2004 (*J.O.* du 27 février 2004) relatifs à la création du diplôme d'État du médiateur familial.

Les étapes de la médiation familiale

Selon son contexte, les attentes des intéressés, l'ampleur du conflit, le nombre de partenaires à la médiation, celle-ci va suivre un rythme propre et comporter plusieurs phases. Dans la perspective d'une lecture diachronique de la médiation, il est important de distinguer les contacts préliminaires des épisodes relatifs à la négociation proprement dite, qui en marque le point final. Entre les deux, l'exploration des points de conflit peut prendre un temps plus ou moins long. Le découpage de la médiation en étapes est quelque peu arbitraire, mais pédagogiquement on peut distinguer :

– le temps de la ritualisation des échanges marqué par la prise de contact, la structuration du climat, la réduction de l'anxiété des « médiés ». L'importance de l'accueil, le bon maniement des procédures, le doigté du médiateur sont des atouts majeurs dans cette première phase ;

– la seconde étape débute avec une information et une première exploration des problèmes. Pour le médiateur, il s'agit de réduire l'incertitude, de sécuriser la médiation, d'en expliquer les principes et les règles de fonctionnement. Il lui faut aussi prendre connaissance de la position globale des deux parties, entendre chacun raconter son histoire et sa version des faits, observer les premières manifestations d'un rapport de force possible. ;

– la troisième étape est celle de la présentation des positions affichées, des prétentions, des refus, des résistances. Les premières concessions dans le couple peuvent apparaître, elles mettront un temps plus ou moins long à se stabiliser ;

– enfin, le temps de l'accord signe en principe la fin de la médiation familiale, que cet accord soit écrit ou oral. Au-delà de l'accord, ce ne sont pas tant les termes de la négociation qui comptent que la posture pédagogique transmise, à savoir la nécessité de dialoguer tout au long du temps parental. Dans l'évaluation faite par la Caisse d'allocations familiales en 2006, 51 % des médiations étudiées avaient donné lieu à un accord écrit, soit dans un cas sur deux.

Il est à rappeler combien la médiation doit être souple et s'adapter au rythme des sujets. Parmi les « médiés » que nous avons rencontrés, les femmes disent souvent que le temps leur a manqué pour « tout » dire, pour aller plus loin dans l'introspection. Ce sont souvent les hommes qui ont mis fin à la médiation après avoir trouvé des points d'accord suffisants. Cette temporalité différentielle est un des éléments sensibles de la médiation ; elle est redoublée par les blocages, les éléments nouveaux, les allers et retours qui jalonnent toute médiation. Les phases que nous avons décrites ci-dessus restent donc toujours incertaines, variables d'une médiation à l'autre. La médiation n'est pas une marche réglée ; elle suit au contraire une progression irrégulière, pleine de détours ; elle demande au médiateur de soigner les phases de transition pour accompagner les personnes vers la solution la meilleure pour tous.

Dans cette progression, les outils purement techniques du médiateur sont peu nombreux. Nous avons vu l'usage du génogramme, qui permet au médiateur comme aux « médiés » d'y voir un peu plus clair sur leur parcours. Le médiateur peut aussi inventer ses propres outils. Le schéma ci-dessous formalisé par Didier David et Claudine Thomère est utilisé dans certaines médiations pour expliciter le processus de séparation-individuation auquel se heurtent certains couples ou certains membres d'une même famille.

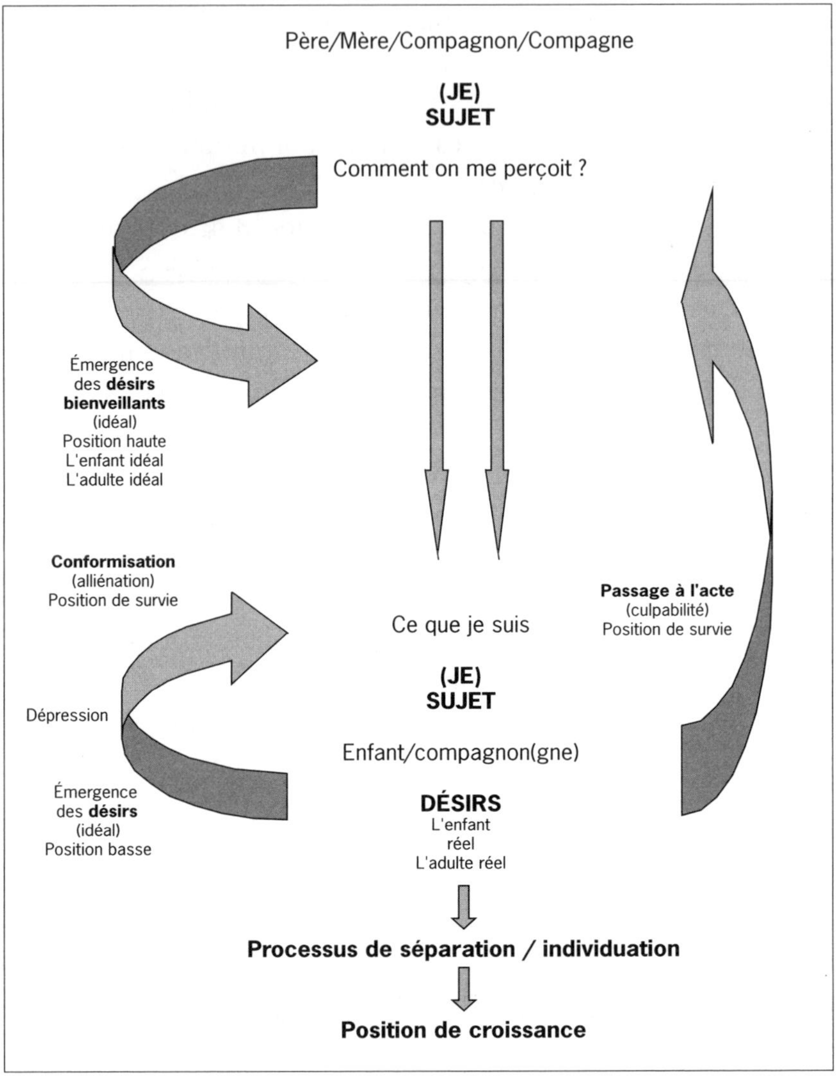

En séance de médiation, bon nombre de couples nous donnent à voir la mise en scène de ce processus de séparation-individuation, toujours en plein remaniement, réactivé par la crise et la séparation conjugale. Grâce à ce schéma, chacun peut identifier sa posture ancienne d'enfant, confronté au désir bienveillant de l'autre (père, mère, adulte) et ses conflits inconscients qui l'ont poussé à prendre différentes attitudes (conformisme, passages à l'acte, en alternance les deux). Lorsque nous le proposons, en illustration de ce qui se passe et se dit, il sert d'outil pédagogique à la compréhension et au désamorçage de certains conflits exprimés. Il permet de décaler le couple de ce face à face, en expliquant ce qui s'est joué dans la relation de chacun vis-à-vis de son lignage et qui fait désormais résonance entre eux deux. Le couple n'est parfois qu'une seconde scène où tout se rejoue dans des postures régressives, insupportables. Sans cette compréhension, chaque membre du couple reste fixé sur des positions anciennes, générant de la violence et interdisant toute négociation avec l'autre.

6

La médiation familiale intégrée à la Sauvegarde de l'enfance 44

C'est dans les années 1994, au mépris d'une certaine orthodoxie, que la protection de l'enfance se saisit du concept de médiation familiale. Dans le paysage global de la médiation familiale, ce type d'interventions reste modeste puisque les dernières statistiques de la Caisse d'allocations familiales (2006) montrent que seulement 1,4 % des entretiens d'information concernent directement la protection de l'enfance. Faut-il donc être fou pour proposer une médiation familiale en lieu et place d'une réponse psychosociale habituelle ? Quelles sont les raisons qui peuvent amener une Sauvegarde de l'enfance à enrichir sa palette classique d'interventions d'une telle procédure ? Quelles sont les motivations de ces médiateurs, éducateurs dans certaines situations, médiateurs dans d'autres situations ? C'est à ces questions que nous allons tenter de répondre pour jeter les bases d'une alternative au traitement psychosocial habituel des familles de la protection de l'enfance.

Pourquoi les familles carencées seraient-elles exclues de la médiation familiale ?

Les statistiques de la CAF sur la médiation familiale montrent que les employés sont sur-représentés dans les demandes d'entretiens (52 % contre 29 % dans la population française). Ils sont suivis des ouvriers (18 %), des professions intermédiaires (12,4 %), des cadres (10,8), des commerçants et artisans (5,6 %) et des agriculteurs (1,3 %). Les demandeurs de médiation sont en outre plus diplômés que la majorité de la population française : ils sont 24 % à posséder un Bac (contre 16 % dans la population globale), 23 % un Bac + 2 et 9 % un diplôme du supérieur. Seuls 10 % des médiés n'ont aucun diplôme. Ces quelques chiffres montrent à la fois une démocratisation sociale de la médiation permise par le service public des CAF (la CAF regroupe à elle seule 65 % des propositions de médiation), mais aussi le maintien d'une inégalité sociale face au modèle du bon divorce négocié. Force est de constater que ce sont les plus diplômés qui ont recours à une médiation.

La population de la protection de l'enfance diffère en tout point de ce profil. Les personnes que l'on y rencontre sont marquées par la précarité sociale, l'isolement, de faibles niveaux de certification. Ainsi pour les parents de la Sauvegarde 44, nous savons que 25 % des pères sont ouvriers et 7 % employés. Pour tous les autres pères, le chômage est l'horizon. L'univers des mères est encore plus précaire : 13 % sont employées, 6 % ouvrières, toutes les autres sont inactives ou au chômage. Ces couples ont des histoires de vie marquées par la désunion, à un niveau bien supérieur à la moyenne nationale. En ce sens, c'est une population possible pour la médiation familiale, dans la mesure où les séparations sont souvent non élaborées. Les couples sont séparés dans 78 % des cas, une séparation qui s'accompagne d'une recomposition familiale pour 20 % des pères et 30 % des mères. Enfin, de nombreux enfants sont concernés par ces séparations puisqu'une des caractéristiques de ces couples est l'existence de grandes familles : 49 % des ces familles ont de trois à cinq enfants, 19 % plus de six enfants.

À ces couples en grande difficulté, mais qui n'en demeurent pas moins des parents, il est d'usage de proposer des interventions classiques : des mesures éducatives en milieu ouvert, un placement des enfants en internat ou famille d'accueil..., mais peu de choses autour de la dimension conjugale et de la coparentalité comme on le ferait pour des « familles ordinaires ». L'intervention psychosociale l'emporte avec parfois l'idée que ces familles ne sont pas « équipées » pour entrer dans la dimension langagière nécessaire à la médiation familiale. Trop pauvres, trop carencées, elles n'auraient ni l'appétence pour le verbe, ni les moyens de mettre en mots les émotions, ni le contrôle nécessaire pour supporter le face à face de la négociation. C'est contre ces présupposés que lutte l'introduction d'une médiation en protection de l'enfance.

Un exemple illustrera cette position, celui de Monsieur et Madame S. La connaissance de cette famille débute par une enquête sociale, enclenchée à la suite d'un signalement sur la ligne SOS. Madame S. est décrite comme fragile psychologiquement et n'acceptant aucun suivi spécialisé régulier. Les relations du couple sont très conflictuelles, assorties de violences. C'est un couple vulnérable, immature, d'une grande précarité matérielle, avec deux enfants. Le premier type d'intervention proposé est classique, il s'agit d'une mesure d'action éducative en milieu ouvert, reconduite par le juge des enfants pendant sept années au cours desquelles sont nés deux autres enfants. Malgré les interventions des travailleurs sociaux, ce couple atypique, alternant les séparations et les réconciliations, n'a pu dépasser ses difficultés. Mais la conjugalité a-t-elle réellement été travaillée ? Au moment du placement de deux enfants en 2007, le couple était de nouveau séparé et s'était partagé les enfants : les deux aînés vivaient chez leur père, les deux plus jeunes chez leur mère sans aucune relation les uns avec les autres. Le père s'installe avec une autre personne, elle-même sous curatelle et en grandes difficultés financières. Il tient des propos très disqualifiants à l'égard de la mère, maintenant remariée et enceinte d'un cinquième enfant. Il la juge responsable de la situation actuelle et manipule ses deux enfants en leur donnant l'injonction de dénoncer leur mère pour maltraitance. Dans cette histoire, le conflit d'ordre conjugal prend toute la place et chacun s'évertue à montrer les incompétences de l'autre, racontées et écrites parfois de manière grossière et crue. Toute la fratrie est otage de ce système : les enfants deviennent les messagers du père pour dénoncer l'éducation de la mère, mais en entretiens individuels ils expriment aussi une vive souffrance de ne plus la rencontrer et d'être séparés de leur petit frère et petite sœur, eux-mêmes confisqués par la mère.

À travers ce récit, les manques inscrits dans une intervention psychosociale classique apparaissent. Les univers du père et de la mère sont appréhendés séparément, ce qui aggrave le clivage entre les deux parents. La conjugalité de ce couple n'est pas abordée alors que toute leur histoire est faite de ruptures et de retrouvailles chaotiques. L'intervention est restée centrée sur la dimension éducative et une mise à l'abri des deux aînés, mais ni la séparation, ni le fonctionnement parental n'ont été véritablement travaillés avec les deux partenaires en face à face. De même la recomposition familiale qui s'élabore des deux côtés n'est pas prise en compte alors qu'elle exacerbe le conflit existant. La séparation s'est faite sur du non-dit ou des propos violents, faisant table rase des années communes, de la naissance de quatre enfants et des épisodes heureux. Dans ce contexte, seule la proposition d'une médiation familiale paraît pouvoir déjouer les mécanismes de sabotage élaborés de part et d'autre, mécanismes dont les enfants sont les otages, obligés de choisir leur camp. La médiation familiale va proposer un espace de lecture de leur histoire, en tentant de favoriser un apaisement des relations pour chacun et une élaboration des rôles parentaux. Ni le dispositif judiciaire, ni les autres modalités de prise en charge éducative n'ont pu permettre cette approche. À la médiation familiale de la tenter sans préjuger du succès ou non de la démarche. Cette médiation se fait dans un contexte de forte contrainte institutionnelle qui n'échappe pas aux médiateurs. Ils ont la lourde charge d'être à la fois dedans et dehors : dans l'institution comme éducateur pour la protection de l'enfance ; en dehors pour accomplir leur mission de médiateur. Dehors, dedans, ou plutôt dans un « entre-deux » qui reste à chaque fois à définir.

L'entre-deux de la médiation, un lieu singulier

La médiation familiale rejoint, selon nous, d'autres espaces créés en rupture des modes traditionnels d'intervention. Nous pensons aux lieux-passerelles, Maison verte, points de rencontre, mis en place à l'initiative de professionnels soucieux de renouveler leurs pratiques. Ces lieux d'accueil cultivent souvent vis-à-vis de l'institution une autonomie relative qui s'exprime, par exemple, par le mode d'implantation. La médiation familiale de la Sauvegarde 44 est située hors des murs de l'institution, dans un immeuble anonyme, ce qui pour les usagers est signalé comme un point fort de l'accueil, évitant toute stigmatisation. Le logo choisi (commun à d'autres associations de médiation familiale) inscrit les objectifs et les valeurs de la médiation et bon nombre de « médiés » rencontrés y ont fait allusion, comme une garantie vis-à-vis de leur démarche.

Les lieux d'accueil précités ont souvent eu pour objectifs de dénouer des conflits, d'aider à décoder les comportements de l'enfant, de donner sens aux cris. « Ils sont des lieux de révélation de besoins non pris en charge ailleurs, de réponse aux besoins des parents » (Eme, 1990). La médiation familiale répond, elle aussi, à de nouveaux besoins de nos contemporains et intègre les mêmes principes que ces lieux, à savoir : l'anonymat, la neutralité, la confidentialité, l'instauration d'une logique de confiance. En analysant les similitudes et les différences entre ces différents lieux, Bernard Eme note que quatre lignes de force se dégagent selon les lieux. Pour les uns, il s'agit de soutenir le lien familial dans un espace convivial de rencontre ; pour les autres, de rompre l'isolement et de s'attacher au maintien du lien social ; pour les troisièmes, l'objectif premier est d'instaurer un lieu de réflexion sur les rôles parentaux ; enfin, l'idée de prévention guide les derniers avec le souci de déceler précocement des pathologies dans la relation parent-enfant. La médiation familiale emprunte à toutes ces finalités en tentant de protéger les liens familiaux de la discorde, en soutenant une réflexion sur les rôles parentaux, en centrant la focale sur la protection de l'enfant soumis au désamour des parents, voire à leur lutte en son nom.

La double casquette de médiateur-éducateur

La médiation familiale repose sur le principe de liberté et une certaine logique de responsabilisation autonome, déliée de tout contrat ou procédure À l'inverse, les parents suivis par la Sauvegarde sont tenus de participer bon gré mal gré à la mesure qui les touche. Nous voyons dès lors comment les médiateurs de la protection de l'enfance peuvent être tiraillés entre ces logiques différentes, qui pour une part s'imposent à eux. La question décisive est celle-ci : comment dans l'espace d'une même institution gérer la double position de travailleur social et de médiateur ? C'est sans doute en repartant des motivations de ces professionnels que nous avons l'ébauche d'une réponse. L'insatisfaction face aux pratiques usuelles est souvent notée comme le facteur déclenchant l'orientation en médiation familiale. Ainsi cette assistante sociale qui note :

> Je suis assistante sociale et conseillère conjugale dans un premier temps, mais j'ai découvert que de nombreux enfants ne voyaient plus leur parent. J'ai participé comme accueillante à un point rencontre puis je me suis orientée vers la fonction de médiateur familial.

et cet éducateur :

> Je suis éducateur, formé à l'analyse systémique. Ma motivation est née après ma participation à un point rencontre. J'ai eu envie d'accompagner les parents sans être coincé et limité pour aborder leur conjugalité...

Nombreux sont ceux qui signalent une expérience dans un lieu de rencontre, une expérience qui s'avère déterminante dans le regard porté sur les parents, mais aussi dans l'approche d'un nouveau positionnement professionnel. Les termes de « liberté, d'autonomie des personnes, de reconnaissance de leurs compétences, d'évolution personnelle, de lassitude vis-à-vis de l'existant » émaillent tous les entretiens. L'envie d'un second souffle donné à une carrière déjà longue, de changement des pratiques s'exprime fortement. Bon nombre des médiateurs intervenaient exclusivement auprès de l'enfant avant de prendre en compte la dimension familiale. À un moment de leur parcours, ils ont craint les phénomènes de substitution, ont constaté les effets pervers des disparitions progressives des parents, et ont réagi en s'orientant vers des formations de thérapeute familial, conseiller conjugal, puis de médiateur. Le bénévolat a souvent été la porte d'entrée dans l'exercice de la profession avant une institutionnalisation réelle. Les premiers médiateurs ont été des pionniers, qui voulaient exercer différemment l'art de l'intervention. Ils ont, selon nous, travaillé aux limites de leurs pratiques professionnelles initiales puisque nous trouvons des médiateurs issus du champ social, éducatif, psychologique, juridique. Nul doute que le parcours premier colore le type de médiation proposé, mais tous se veulent en position d'intermédiaire, « un Hermès. Intermédiaire neutre, nommant la réalité, il est celui qui sert de lien entre des personnes qui éprouvent des difficultés à communiquer » (Eme). Ces professionnels ont donc souvent, au sein de l'institution, une double fonction : celle d'éducateur et celle de médiateur. S'ils peuvent en jouer, ce n'est possible que dans le respect d'une règle élémentaire : la différenciation des situations. Là où le professionnel est éducateur dans une situation, il ne pourra être médiateur ni en amont, ni en aval auprès de cette famille, et vice versa.

Une innovation encombrante ?

Exercer la profession de médiateur au sein d'une institution de protection de l'enfance n'est pas de tout repos. La question de la légitimité d'une telle posture, de sa validation par l'institution, de son articulation avec les autres modes d'intervention est un processus long, parsemé d'embûches, d'hésitations et de rivalités internes. Ceci ne doit pas nous surprendre si nous reprenons les travaux de Dominique Fablet sur les innovations en suppléance familiale (2005). L'auteur note :

> Innover revient à faire autrement, à expérimenter d'autres schémas d'action que ceux habituellement en usage, à combiner différemment un ensemble de moyens afin d'aboutir à la proposition d'autres formes de réponse, se distinguant de celles normalement admises à un moment donné. Aussi, innover apparaîtra-t-il toujours comme une forme de déviance puisque, la plupart du temps, du moins dans le champ de l'éducation, ce sont des professionnels lassés des pratiques routinières et conformistes qui se lancent dans l'aventure de l'innovation.

La patience est la règle pour ceux qui s'engagent dans la mise en œuvre d'un tel projet. À la Sauvegarde 44, le projet de médiation familiale couvre plusieurs étapes utiles à rappeler pour toute institution qui veut se lancer dans l'aventure. Le « centre nantais de médiation familiale » voit le jour en septembre 1995 après une formation de deux ans et demi de trois travailleurs sociaux. Cette formation a été financée par la Sauvegarde et effectuée dans le cadre de l'école des parents et des éducateurs de Paris. L'ouverture officielle de ce service expérimental est votée en conseil d'administration en mai 1995. L'aventure commence à raison de quatre heures par semaine, grâce au détachement des trois médiateurs. La loi de février 1995 qui instaure la médiation familiale en France conforte la Sauvegarde 44 dans son orientation et un comité de pilotage interne à l'association se met en place, qui diminue l'isolement des médiateurs. Dès 1996, ceux-ci bénéficient d'une analyse de la pratique en compagnie d'autres médiateurs. Innover, c'est aussi se faire connaître par des campagnes d'information, la création d'un logo, mais le démarrage est lent, voire aléatoire puisque, de 1997 à 1998, on retrouve un seul médiateur à mi-temps (en 1999, deux médiateurs occupent ce mi-temps). L'année 2000 est une année cruciale qui voit l'acquisition de locaux propres à la médiation familiale. En 2001, l'un des deux médiateurs démissionne, et le *statu quo* demeure jusqu'en 2003, date à laquelle un médiateur prend ses fonctions. En 2005, les deux médiateurs occupent chacun un trois-quarts temps, ce qui montre la progression de l'activité. Il aura donc fallu près de douze années pour que cette intervention prenne son élan, mais il lui reste du chemin à faire pour élargir son champ d'intervention, non avec la population externe à l'institution, mais avec la population interne des parents dont les enfants sont confiés.

Cette extension suppose un décloisonnement des services ou, pour le dire autrement, une redéfinition du social. Norbert Alter, spécialiste de *l'innovation ordinaire* (2000), montre qu'il en est ainsi pour toute innovation, fût-elle institutionnelle. Le temps long de la maturation est nécessaire pour qu'adviennent de nouvelles pratiques. Il ne faut pas moins de cinq étapes : celle de la problématisation (penser la médiation) ; celle de l'intéressement des autres au dispositif mis en œuvre ; le temps des alliances en interne et en externe (les médiateurs de la Sauvegarde ont un réseau de professionnels qui orientent les demandes vers leur consultation) ; la désignation de porte-paroles (ce livre en est aussi une image). Dans la dernière phase, « la controverse matérialise la dissidence des acteurs », cette dissidence pouvant être là aussi en intra mais aussi dans le corps global des médiateurs qui, nous l'avons vu, ne partagent pas toujours les mêmes idées. Le mouvement est donc lent. Il peut à tout moment s'interrompre, car l'action suppose l'effort, une crise du sujet innovant, la lassitude, des doutes et parfois un certain isolement vis-à-vis de ceux qui ne participent pas à l'aventure. Comme le note Norbert Alter, « Vivre dans la distance créée par l'innovation transforme également le rapport aux collègues proches. Chacun devient plus étranger à l'autre. » Les expériences de travail ne sont plus partagées, les préoccupations ne sont pas tout à fait les mêmes, d'où un sentiment parfois d'étrangeté. Ce livre a aussi pour mission de rendre visible la médiation familiale et d'introduire la transversalité des savoirs, chère aux principes directeurs de la Sauvegarde.

La médiation familiale institutionnelle a-t-elle un avenir ?

Au-delà de cet ancrage local, nous ne méconnaissons pas les résistances que peut générer l'idée d'une médiation familiale inscrite au cœur de la protection de l'enfance. Le juge Rosenczveig s'en était fait le porte-parole en 1990, dans une conférence intitulée « Le juge, l'avocat et la médiation ». Il note dès le début de son intervention que la médiation « remet doublement en cause ce dernier ». En effet, selon Rosenczveig, « le juge des enfants est depuis des décennies vécu comme le premier et principal défenseur des enfants. Ne lui revient-il pas de veiller à l'intérêt de l'enfant ? La deuxième remise en cause infligée au juge des enfants tient à l'interpeller sur le terrain de ce qui fait l'essence (apparente) de sa fonction : le rétablissement du dialogue entre les parties, comme s'il ne répondait pas à cette attente. » Pour Rosenczveig, la médiation vient donc contester les juges sur ce qui « fait l'essence de leur justification sociale. À coup sûr, c'est leur production qui est mise en cause, mais encore la représentation que l'on se fait de leur rôle et aussi, plus profondément, un projet pour l'action sociale et la justice qui transparaît. » Le juge

Rosenczveig non seulement conteste l'utilité d'inventer de nouvelles interventions, mais revendique pour le juge un véritable rôle de médiateur, et ce en trois domaines :

> « – au sein de la famille – que l'enfant soit en danger ou qualifié de délinquant – le juge (et ses collaborateurs) a pour souci de rétablir une parole, un échange, un respect réciproque de l'autre. C'est cette fonction qui généralement retient l'attention.
>
> – le juge des enfants joue un rôle de médiateur entre la société et la famille défavorisée dont il a à connaître, sachant que celle-ci prend souvent l'initiative de le saisir. Ainsi quand le juge interpelle le préfet sur les conditions de vie faite à une famille (logement, revenus), il s'efforce de rétablir un lien et des droits. Plus largement, quand il prononce une décision de non-lieu (intervenir quoique la famille ne fonctionne pas comme toutes les familles), il vient affirmer le droit à être différent sans pour autant être rejeté par la société et qualifié de cas social ou judiciaire. Ce rôle est souvent négligé ; il est pourtant essentiel dans une démocratie comme la nôtre.
>
> – enfin, dans ces dernières années, le tribunal pour enfants, en développant des démarches originales de conciliation et d'indemnisation des victimes, tend à jouer un rôle de médiateur entre les jeunes et la société qu'ils ont agressé par leur comportement.
>
> Cette triple démarche de médiation me semble caractériser le tribunal pour enfants. Certes, il s'agit d'un médiateur particulier : non seulement il dispose du pouvoir de décider, mais en outre il a les moyens de punir l'une ou l'autre des parties ; il peut sanctionner l'enfant (en prononçant des peines ou en recouvrant au "placement") et ses parents (par le placement ou le fait d'ordonner une action éducative). »

Nous ne pouvons suivre l'argumentation proposée par Rosencsveig, car « la médiation est un processus de négociation, facilité par un tiers n'exerçant pas de pouvoir de décision, ayant pour finalité de permettre aux parties concernées de réaliser un projet, de résoudre une situation conflictuelle ou de rétablir/établir une relation» (Stimec, 2004). Le juge des enfants détient un pouvoir coercitif qui ne répond pas aux exigences de la définition de la médiation. Il y a, selon nous, confusion entre deux termes : la conciliation et la médiation. Les médiateurs ne font donc pas de l'ombre au juge des enfants. Ils ne sont tout simplement pas dans le même registre, dans la mesure où ils ne peuvent imposer la décision qui leur semble la meilleure. L'abus de l'usage du terme médiation conduit à des incohérences évidentes et à des conflits entre les statuts et les métiers, qui pourraient être évités si chacun respectait la richesse sémantique des termes mis à notre disposition. Si la médiation et la conciliation peuvent avoir des rapports de cousinage, ils ne sont pas pour autant jumeaux. Dès lors la conclusion de la conférence du Juge Rosenczveig est pessimiste pour l'avenir de la médiation :

> « Ces remarques m'amènent à douter qu'il y ait une place dans la protection de l'enfance stricto sensu pour une médiation institutionnalisée, au moins dès lors que la situation de l'enfant revêtira une telle acuité qu'un juge pour enfants en sera en charge. En revanche en amont, la médiation familiale peut trouver une place dans l'ensemble du dispositif de protection médico-social offert aux familles. Une chose m'apparaît certaine : la médiation familiale institutionnalisée rencontrera dans le champ de la protection de l'enfance des difficultés spécifiques dont il serait irresponsable de faire l'économie de l'abord. »

Ces propos datent de dix-sept ans, et les articulations entre justice et médiation familiale nous semblent aujourd'hui mieux posées.

Nous ne sommes pas en désaccord avec le fait de situer la médiation familiale en amont des dispositifs de protection, là où elle a toute son utilité, mais elle peut aussi faire partie du panel des interventions en protection de l'enfance, à la condition de respecter notamment la règle du volontariat. Elle est une mesure proposée aux familles, à charge pour elles d'en accepter les règles. Elle ne vient pas en concurrence ni en substitution des autres interventions ; elle est une intervention possible dans des contextes précis. Somme toute, les injonctions faites à certains couples de prendre contact avec un médiateur pour information ne sont-elles pas les prémisses de l'orientation que nous dessinons ? Une articulation entre tous les acteurs, dans le respect de la déontologie de chacun, est à penser et à trouver. Nous ne sommes pas au bout du voyage.

7

Les effets de la médiation : des couples témoignent

Mon beau navire ô ma mémoire, avons-nous assez navigué ?
Dans une onde mauvaise à boire, avons-nous assez divagué ?
De la belle aube au triste soir.
Guillaume Apollinaire

C'est dans le souci de clarification des effets de la médiation familiale que nous abordons cette ultime phase de notre recherche. Les témoignages que nous avons recueillis ne sont pas représentatifs, au sens statistique, du corpus de l'année. Ils constituent cependant un panel illustratif de témoins donnant leur avis sur trois points fondamentaux de la médiation : les apports et les limites de la procédure ; ce que les personnes ont appris sur elles-mêmes et sur les autres ; ce qu'elles peuvent suggérer pour améliorer la technique de la médiation. De ce parcours souvent douloureux, que gardent-elles en mémoire, qu'ont-elles perdu, qu'ont-elles gagné, qu'ont-elles compris ? La médiation suppose des renoncements, des deuils, un lâcher-prise. Aimer, perdre, quitter, renoncer, telle est la condition humaine et ces pertes peuvent prendre des formes bien différentes.

Évaluer les effets de la médiation

Si nous faisons référence à l'évaluation de la Caisse d'allocations familiales déjà citée, plusieurs pistes d'évaluation peuvent être analysées. On peut considérer les effets de la médiation sous l'angle de l'accord conclu, sous celui des relations entre les médiés, selon les effets produits sur les enfants, l'évolution des sentiments, la qualité des échanges… Tous ces points ont été abordés par les chercheurs mandatés par la CAF et nous synthétisons les principaux résultats. Statistiquement (sur 541 questionnaires), environ un tiers des médiés constate une amélioration des relations (15 % une détérioration, 54 % pas de changement). L'utilité de la médiation dépasse ce simple constat puisque 59 % jugent la médiation nécessaire. Lorsqu'une utilité est reconnue, elle est surtout dans l'apaisement des tensions (27 %), l'échange sur des sujets non exprimés avant la médiation (21 %), la prise en compte des besoins de chacun et la gestion des problèmes (37 %). Échanger, dialoguer parfois sur des sujets restés tabous reste le point fort de la médiation. La conclusion d'un accord n'est pas l'essentiel pour les « médiés » puisque 62 % seraient favorables de nouveau à une médiation même en l'absence d'accord. Enfin, les principaux apports de la médiation concernent les besoins des enfants (62 %), le rôle de parent ou grand-parent (11 %), la relation à l'autre (27 %).

Notre approche des effets de la médiation est quelque peu différente et plus proche d'une lecture psychologique, permise par les témoignages enregistrés avec l'accord des personnes. Nous avons été sensibles aux renoncements évoqués, comme si la médiation jouait aussi ce rôle essentiel de facilitateur de *renoncements nécessaires* (Viorst, 1988).

Renoncer au mythe de la famille unie

Sans doute rêvons-nous la vie, bien avant de la vivre, à partir des représentations construites pendant l'enfance, des modèles transmis. Pour Monsieur et Madame T., âgés de soixante-dix ans, la perte est condensée dans cette petite phrase qui viendra clore l'entretien :

> On n'est pas obligé d'aimer ses beaux-parents, mais on peut se respecter. On ne changera pas les uns et les autres, mais on peut s'accepter. Moi, j'avais vécu quelque chose de beau avec mes beaux-parents, une relation totalement filiale, j'étais devenue la fille de la maison et il en était de même pour mon mari du côté de ma famille. Peut-être que j'attendais des rapports identiques, je n'imaginais pas autre chose, je pensais que ce serait pareil avec notre belle-fille. Aujourd'hui je suis consciente que l'affection ne s'achète pas, mais les rapports sont normalisés et c'est déjà inespéré.

Pour en arriver à cette phase d'acceptation, le parcours fut jalonné de défaites et d'incompréhensions jusqu'à une demande de médiation, initiée par les grands-parents. La demande peut paraître atypique dans la mesure où Monsieur et Madame T. n'étaient privés ni de leurs petits-enfants, ni de la présence de leur fils qui les leur amenait. Mais toute demande a son impulsion et celle de Monsieur et Madame T. trouve son origine, selon nous, dans la trajectoire antérieure du couple grand-parental. Monsieur T. a lui-même pratiqué, à titre bénévole, ce que l'on appelle la médiation de quartier dans une cité HLM, Madame T. milite dans une association contre les sectes. Ces deux grands-parents ont donc l'habitude d'une gestion collective des conflits ; la démarche vers la médiation leur apparaît naturelle. Elle leur apparaît d'autant plus nécessaire que la souffrance d'un de leurs petits-enfants les alerte. Madame T. est une ancienne éducatrice de jeunes enfants et ne peut rester insensible au signal que lui donne son petit fils :

> On a réfléchi, on voulait renouer le dialogue parce que l'aîné des enfants qui avait quatre ans et demi, est arrivé et m'a dit : « Tu sais maman elle ne t'aime pas », il était triste. Le petit sentait les choses et il était temps de trouver une solution. Par rapport aux enfants, il fallait faire quelque chose. L'idée de la médiation est née comme cela, on était prêt à tout. On a eu un rendez-vous. On a choisi cette structure de médiation parce qu'elle était inscrite dans le champ de la sauvegarde de l'enfance, et que c'était notre seul souci de préserver les enfants des conflits des adultes.

Le malentendu débute en fait dès la formation du jeune couple, puis va en s'accentuant avec l'arrivée des enfants qui confronte les deux familles aux modèles éducatifs. Deux modèles de femmes, voire de mères s'opposent sur la gestion du quotidien, de l'intérieur, de la prise en charge des enfants. De silences en petites phrases, la séparation s'installe :

> Petit à petit nos rapports se sont dégradés, il y a eu des reproches qui nous ont fait de la peine. Mon fils était au courant, mais ne supportait pas qu'on en parle, il était pris entre les deux, il est très fermé sur sa vie personnelle, il ne fallait pas en parler, ce n'était pas simple. Puis à un moment notre belle-fille n'a plus voulu nous voir du tout, et depuis environ trois ans il n'y avait plus rien. Mais ce qu'il y a tout de même de positif, c'est qu'on a toujours vu nos petits-enfants, toujours, notre fils nous les amenait. En fait, on ne

savait pas ce qu'elle nous reprochait et on s'est dit qu'il fallait absolument une tierce personne pour renouer le dialogue.

La séance sera tendue, mais unique et suffisante pour permettre une première réunion de famille, suivie d'autres. La médiation n'a sans doute pas amené de modifications sur le plan des comportements de chacun, ni même sur la configuration familiale globale, mais les frontières sont désormais acceptées et les non-dits qui polluaient la relation ont pu en partie être exprimés.

Cet exemple de difficultés relationnelles dans les alliances familiales ne doit pas nous surprendre. Ce type de conflits pourrait largement alimenter les consultations de médiation si l'on en croit le livre de Clotilde Lemarchant (1999), *Belles-filles*. À partir d'entretiens réalisés avec quatre-vingt douze brus, âgées de 19 à 60 ans, l'auteure dessine un portrait des belles-familles. Il n'est pas si facile de trouver la bonne distance avec des aînées que l'on n'a pas choisies. « Chacun fait de nécessité vertu », écrit Clotilde Lemarchant. En Italie, où la mamma italienne a une forte réputation, l'avocate Mescoli Davoli (*Courrier international*, 2000) note que « les belles-mères italiennes sont la cause principale de 40 % des ruptures ». D'où l'idée de proposer un stage pour « rééduquer » les belles-mères italiennes. Ainsi est née l'école pour les belles-mères, sans doute une première mondiale. Mescoli Davoli a réuni une équipe de spécialistes – psychologues, avocats, médecins, travailleurs sociaux et belles-mères modèles – chargés de concevoir un programme pour ce stage de six semaines à raison de deux heures hebdomadaires. Les cours ont pour intitulés : Que va devenir mon fils chéri ? Elle ou moi ? Couples en crise, intervenir ou garder ses distances ? En Italie, sept hommes sur dix habitent chez leurs parents jusqu'à l'âge de 30 ans. Le chômage et le prix des loyers sont des raisons souvent invoquées, mais de nombreux trentenaires reconnaissent franchement que, s'ils restent au nid, c'est par choix. La mamma italienne est trop exemplaire pour souffrir la concurrence. En France, le problème des conflits entre les familles par alliances n'intéresse que de rares psychologues ou sociologues, mais les médiateurs peuvent y avoir accès, que ce conflit soit cité comme principal ou secondaire à la demande de médiation. Renoncer à servir de modèle à sa belle-fille n'est pas simple, accepter sa belle-mère et sa place auprès de son fils est tout aussi complexe, trouver des formules non blessantes pour nommer les différences est un art, que le médiateur peut un peu transmettre lors de ces séances.

Renoncer au modèle du couple fusionnel et éternel

Tous les poètes ont semble-t-il un jour rêvé et chanté l'amour éternel, celui qui ne sera jamais abîmé par le temps. Si les poètes masculins ont plus volontiers pris la plume, ces quelques vers d'Henri Michaux peuvent aussi être lus en changeant « elle » par « lui » :

Être aimé par elle
Non pas une nuit de toutes les nuits
Mais à jamais pour l'éternel présent
Sans paysages et sans lumières

Être aimé par elle
Écrit dans les signes du temps
Malgré tout contre antan et futur
À jamais

Ce poème pourrait être appliqué à Madame Z., dont nous avons évoqué l'histoire, la découverte de l'infidélité maritale et l'annonce de la séparation. L'entretien évoque toute l'incompréhension, l'impossible mentalisation des événements. Madame Z. croyait à l'éternité de l'amour et elle ne peut que répéter plusieurs fois : « *Je ne comprenais rien du tout* ». Les seules explications qui sont à sa portée sont rationnelles et logiques, hors du champ du désir :

> Je pensais que c'était lié au travail, à la création de l'entreprise, au stress. Moi je suis transparente, je fais des maladresses, mais je ne flirte pas ailleurs, je ne comprenais rien à ce désir de séduire. Mon mari était mal, il voulait nous quitter tous, c'est lui qui a trouvé dans l'annuaire l'adresse de la médiation. J'aurais tout voulu savoir, ce qui s'était passé avec cette femme, il n'a rien voulu en dire. On m'a parlé de crise des quarante ans, cela m'a aidée de penser que c'était une crise, les enfants étaient sidérés, ils ont trouvé que leur père se regardait le nombril.

L'incompréhension demeure face à ce désir, l'idée de crise passagère, un peu comme une maladie incongrue, rassure. Pour Madame Z., son mariage est inscrit dans le temps long, inaltérable, dans un éternel présent. La question du manque ou des manques est hors du champ mental dans un premier temps. Son mari l'y confronte brutalement. De la médiation qui a duré cinq séances, Madame Z. dira :

> Pour lui, le problème était résolu ; moi j'aurai aimé davantage parce que le médiateur expliquait, reformulait et nous renvoyait ce qu'il comprenait. J'ai découvert un autre homme et aujourd'hui quand mon mari ne veut pas répondre à mes questions, je ne renonce plus, je charcute, je vais au-delà de ce silence. Finalement, j'y ai gagné, je poursuis une psychothérapie, je découvre qui je suis et comment avoir mes propres intérêts. Cette histoire m'a aussi renforcée dans le désir de poursuivre mon travail, de ne pas être dépendante. Mais, pendant les séances, j'aurai souhaité un binôme, la présence d'une femme qui comprenne davantage mon dégoût physique, mes

doutes, les images qui m'obsédaient après l'aventure de mon mari. Ce n'est pas simple de reprendre une vie commune, heureusement que j'aie ma psychothérapeute pour évoquer tout cela.

Ce témoignage montre les apports de la médiation dans l'aide à la décision de rupture ou de maintien du couple. Sur un plan organisationnel, ce couple n'avait pas besoin d'aide. Les enfants étaient grands, Monsieur Z.avait décidé de laisser la maison à sa femme et aux enfants. Il n'y avait donc pas de négociation à envisager sur ce terrain. En revanche, la médiation avait son rôle à jouer pour que chacun puisse s'exprimer et découvre l'autre sous un autre angle. Dans ce couple, les processus de communication ont été modifiés sensiblement et chacun peut, semble-t-il, exister en dehors de la bulle fusionnelle qui avait été créée. La médiation a aussi permis une orientation de Madame Z. vers une aide psychologique.

Se dégager de l'emprise

Les deux témoignages qui vont suivre montrent comment la médiation semble opérer une levée de l'emprise masculine pour certaines femmes. Il ne nous appartient pas de dire si cette emprise est réelle. Nous nous situons exclusivement au niveau du vécu de la personne qui parle. Les femmes qui témoignent ont un long parcours auprès de leur conjoint, souvent dans une posture traditionnelle de femme au foyer, consacrée aux enfants et à la carrière du mari. Dans les deux situations présentées, la rupture n'est pas due à une quelconque aventure extraconjugale, mais à une crise profonde du couple qui ne peut continuer sur les mêmes bases. Nous ne sommes pas néanmoins dans une psychothérapie, mais bien dans le champ de la médiation pour gérer le partage des biens ou dans l'aide à la décision pour concrétiser l'idée de séparation.

En fait, c'est mon mari qui est à l'initiative de la demande de médiation. Nous n'avions envie ni l'un ni l'autre de passer par la justice. Les premiers entretiens sont extrêmement durs, c'est là que vous vous réveillez, que vous prenez conscience que des événements graves vont se passer dans la vie du couple, pour les enfants, pour l'avenir. Nous n'avions pas envie de la justice et puis le coût financier est moindre en médiation. Je pense que mon mari a vu la médiation sous cet angle-là. Il nous fallait une personne qui soit là dans un esprit de médiation, non pour envenimer les choses. Le logo de l'association de médiation nantaise correspondait à nos valeurs, nous ne voulions pas de la justice, l'équité citée dans l'arbre nous a convaincus.

RESPECT
PARENTS ENFANTS
PARTAGE. ENTENTE
CO-RESPONSABILITÉ
NÉGOCIATION. DIGNITÉ
ÉQUITÉ
MEDIATION FAMILIALE

Logo de la médiation du centre nantais de médiation familiale

Petit à petit, on a pu discuter. Le début a été horrible, j'ai été soutenue par un médecin et une psychologue en dehors de la médiation. J'avais vu arriver les événements, mais entre les voir et s'y confronter il y a un monde. J'avais un regard un peu bizarre des choses comme si j'allais idéaliser tout le monde. Maintenant, je raisonne un peu mieux et j'admets qu'il y avait des problèmes

> chez nous. Le réveil a été douloureux. En même temps, j'étais soulagée de me séparer de mon mari, j'ai arrêté de boire le jour où il est parti. C'était une peur, j'avais peur de ce couple, j'ai repris des relations sociales, alors que je n'en avais plus. J'ai réappris à parler parce que je ne savais plus parler, je vivais une sorte d'enfermement parce que j'avais peur de mon mari. Je ne veux pas dire qu'il est méchant, mais c'est un tempérament qui ne me convenait pas malgré les 33 ans de vie commune et les moments heureux. J'ai réappris à rire, à ne plus être figée, et à ne plus obéir.

Ce bref épisode du témoignage montre comment la médiation peut soutenir une désintrication pathologique des conjoints, sans que celle-ci entraîne une rupture, et aboutisse à une renégociation des places et à une séparation négociée. Séparé, ce couple a pu maintenir des actes de solidarité, d'entraide, des moments de partage de vie familiale autour de leur fille, mais les liens qui les étouffaient sont désormais rompus comme si l'envoûtement avait pris fin, ce qui fait dire à cette femme :

> J'obéissais tout le temps comme une enfant, je n'avais plus d'identité depuis l'âge de 21 ans, l'âge à mon mariage. Maintenant, je recommence à vivre et j'apprécie ma solitude. J'avais idéalisé mon mari, c'était mon idole, il n'avait pas de défauts et je les avais tous. Descendre quelqu'un d'un piédestal, c'est extrêmement dur. Maintenant, je vois les choses de façon plus réaliste. Au début de la médiation, j'attendais de mon mari qu'il dise que ce n'était pas de ma faute. Maintenant, je m'en moque. J'étais dépendante de lui mentalement, mais maintenant cela s'estompe. La séparation m'a donné du bonheur, je dors enfin sur mes deux oreilles.

Le témoignage de Madame M. est tout aussi percutant. Elle avait déjà utilisé l'aide d'une médiation pour son jeune adolescent. Il lui a donc semblé tout naturel de faire de même lorsque le problème de couple est devenu évident :

> La médiation pour notre adolescent m'avait permis de discuter, de sortir de la honte, du silence. On ne dit pas qu'on subit la violence de son adolescent, on se dit qu'on a tout raté. J'ai appris qu'il y en avait d'autres comme moi, que je n'avais pas tout mal fait. Je me suis sentie moins seule. Les paroles dites par le médiateur m'ont beaucoup apporté, sur le moment, mais aussi dans l'après-coup. Je fais toujours référence à certaines paroles, même plusieurs années après j'y pense encore. Quand j'ai eu le problème avec mon mari, la solution de la médiation s'est imposée toute seule. J'ai eu peur que la décision de mon mari de nous séparer déstabilise à nouveau mon fils, parce qu'il est d'une très grande sensibilité, mais je crois que cela va aller, sa sœur l'aide. Mon mari se maîtrise énormément, il est aussi plus positif, donc il se pose peu de questions pour les enfants. Quand j'ai été confrontée aux problèmes de couple, je me suis dit que seul le médiateur pourrait m'apporter quelque chose. J'avais trouvé un côté humain et professionnel qui lui permettait de dire les choses sans blesser. Quand je suis venue rejoindre mon mari dans ce département, cela faisait déjà près de trois ans que finalement nous ne vivions pas ensemble, il ne rentrait qu'en fin de semaine. Je me suis vite rendue compte qu'on ne savait plus vivre ensemble, mais je me suis dit que j'allais faire des efforts, que j'apprendrais. Mais cela n'allait pas du tout. La première année ici a été un véritable calvaire, du harcèlement permanent. Avant il le faisait aussi, mais sur un week-end donc je supportais. Le harcèlement est sur tout. Je me suis dit que si quelqu'un pouvait quelque chose pour nous, c'était la médiation. Je voulais qu'on nous explique le comportement de notre couple, que quelqu'un mette des mots sur nos douleurs, nos sentiments, notre vécu. Moi, j'ai entendu tout ce décodage et je crois que, sur le moment présent, mon mari a entendu des choses. Il a avancé, mais pas dans le même sens que moi puisque c'est pour reprendre pour lui une vie

de solitaire. Moi, je venais en médiation pour qu'on apprenne à vivre ensemble. J'ai aimé mon mari comme un dieu, je l'ai idolâtré, j'ai vécu dans son ombre, j'ai sacrifié ma vie, mes vies professionnelle, sociale... C'était ma sécurité, il jouait ce rôle-là. J'ai énormément d'amour à donner et encore plus à celui qui était près de moi. J'ai renoncé pour lui à mon travail de responsable de gestion de trois sociétés, j'ai accepté tous les déménagements pour sa carrière, les maisons isolées pour que je ne rencontre personne, l'absence de contacts... Aujourd'hui, je me demande comment j'ai accepté tout cela. Le fait que mon mari prenne la décision de me quitter m'a ôté un voile. Ce voile, c'était celui de la maltraitance. Les exigences du début de notre mariage (par exemple, me faire recommencer plusieurs fois les plis de son pantalon) sont devenues des maltraitances psychologiques. J'ai passé trois semaines à pleurer, je n'ai fait que cela, j'ai cru que je ne me relèverais pas et finalement je me suis rendue compte qu'il y avait des gens qui m'estimaient, qui s'inquiétaient de moi et que j'existais pour moi-même.

Aide à la décision, temps de décodage, la médiation donne aux couples des clefs de compréhension, ce qui ne préjuge en rien de son aboutissement. Dans le témoignage ci-dessus, la médiation sert de support à la réflexion sur soi, le couple, mais aussi sur les représentations de l'autre mise en œuvre. Un voile est déchiré, le regard décillé, mais reste pour chacun à inventer une nouvelle quotidienneté, ensemble ou séparé. Pour ces deux femmes, une nouvelle perception de soi commence.

La médiation familiale au service d'une reformulation des affects et d'une re-narcissisation

Parfois, la médiation va plus loin qu'on ne l'imagine. Elle peut jouer le rôle inattendu de re-narcissisation de la personne, comme en témoigne Madame M. :

Par la médiation, je me suis rendue compte que j'étais tout de même un peu quelque chose, quelqu'un. C'est tellement nouveau pour moi, un tel plaisir. Derrière mon mari je n'étais rien. Je crois que mon mari ne se rend pas compte de cette transformation parce que je ne lui parle maintenant que quand il m'autorise à lui parler. La séparation complète sera pour la fin de l'année, il est encore à la maison malgré l'annonce de séparation faite aux enfants. Pour moi, c'est fini, je ne suis plus un yoyo, je me suis rendue compte de ma force alors qu'il m'a toujours dit que je n'avais aucune qualité. Finalement, je suis résistante et je suis surprise moi-même de ma récupération. Je vais vous donner un exemple. Cela faisait trois ans que je n'avais pas acheté un vêtement dans un magasin, parce que mon mari me disait que j'étais une grosse vache. Il l'a dit dans la médiation et le médiateur lui a fait remarquer que j'étais tout à fait présentable. C'est cette phrase qui m'a permis cette semaine d'entrer dans le magasin pour me faire plaisir. Mon mari a pu être à l'écoute dans la médiation, ce qui est très en décalage avec sa posture de domination dans la vie professionnelle. Cela, c'était extrêmement nouveau ! Des petites choses ont changé, dont le fait que j'ose parler aujourd'hui de maltraitance après 29 ans de vie commune. J'ai descendu mon mari de son piédestal ; pour lui, c'est insupportable. À la fin de la médiation, mon mari avait dit que c'était un nouveau départ pour nous, mais en fait c'était trop difficile, pas réalisable. Mais je ne regrette rien, je me re-mémorise les séances de la médiation, un an après, et c'est cela qui me permet aujourd'hui de me relever.

La médiation comme ouverture sur la vie

Dans ces deux médiations, on est bien loin d'une simple signature de contrat. Les éléments matériels de la négociation existent certes, mais ils ne sont pas premiers. Le principal intérêt de la médiation familiale est pour ces deux femmes d'avoir ouvert les portes d'une nouvelle vie :

> Le bilan de cette médiation est positif. Petit à petit, j'ai réussi à parler de choses jamais dites. Au début, c'était des règlements de compte. Je me suis même dit, lors d'une séance, que j'allais me jeter par la fenêtre de l'immeuble, puis le médiateur a permis que cela soit vite constructif. En fait, je n'avais jamais pu parler à mon mari, je ne sais pas si j'ai appris des choses sur le couple, mais nous étions là pour un arrangement. Le but était que j'accepte la séparation. Je remercie tous ceux qui m'ont aidée. Nous avons commencé la médiation deux ans après la séparation physique, mais rien n'arrivait à se résoudre, on n'avançait pas. En médiation on a réglé les problèmes de partage, le concret, à la fin surtout. En fait, je n'avais pas de peur pour l'avenir, sur le plan matériel. Aujourd'hui, je vois la vie comme quelque chose de mobile. Avant, tout était figé, immuable, je suis tout étonnée de voir que les choses bougent. La médiation a permis de régler beaucoup de choses. Je conseillerai volontiers la médiation. Aujourd'hui, dans ma tête c'est plus calme, je vais chercher des activités pour me faire plaisir, ma vie est maintenant devant moi. Nous gardons des liens d'entraide avec mon mari, mais dans l'idéal pour moi il faudrait que cela s'arrête ; seulement pour ma fille, elle ne le supporterait pas, elle veut des repas à trois. Cette séparation m'a permis de grandir. Finalement, je crois que si nous ne nous étions pas séparés je serai morte.

> Les petites phrases dites dans la médiation me permettent d'avancer. Je prends chaque petite phrase pour me sentir plus forte. J'ai enfin de l'estime pour moi et c'est une découverte de me rendre compte que les autres en ont pour moi. La médiation familiale ne sert pas seulement à signer un contrat, mais à prendre conscience de ses talents.

Conclusion

Deux mains qui se cherchent,
C'est assez pour le toit de demain
André Breton

L'exercice du métier de médiateur familial nécessite une grande qualification et nous espérons en avoir montré les coulisses tout au long de ce livre. On ne s'improvise pas médiateur, car pendant les séances les risques d'agression et de décompensation sont grands. La profession de médiateur familial a deux enjeux, que l'on peut qualifier de politique. Le premier concernait l'organisation de la profession par la formation et le diplôme. C'est aujourd'hui chose faite, ce qui protège les familles de ceux qui voudraient jouer les apprentis sorciers. Le second est relatif à l'arrivée de ce qu'on pourrait appeler un « *nouveau marché* ». L'apparition d'une nouvelle fonction dans le domaine familial n'est pas du goût de tous et est susceptible de se présenter en termes d'opposition avec les métiers déjà en place. La question des frontières entre les disciplines et les métiers a toujours existé ; elle est réactivée à chaque création d'un nouveau statut. Pour notre part, nous pensons que cette guerre des frontières est souvent stérile et qu'il y a complémentarité entre les interventions. Les personnes que nous avons rencontrées, dont des thérapeutes (J. N. Seroin, 2007), ont souvent utilisé la médiation familiale en parallèle avec l'intervention d'une psychothérapie individuelle, la participation à des groupes utilisant l'analyse systémique... Les individus ne peuvent entrer dans les cases construites par les professionnels. Ils naviguent des unes aux autres, à la recherche de l'intervention qui leur convient le mieux. La médiation familiale a ainsi élargi son spectre d'interventions. De la médiation de crise réservée à des couples séparés, les médiateurs sont progressivement passés à l'aide à la décision, à l'analyse de tous les conflits intrafamiliaux, que ceux-ci concernent des hommes et des femmes, des grands-parents, des parents et leurs enfants. Pour les uns, cette extension reste une dérive ; pour d'autres, dont nous faisons partie, c'est une transformation destinée à accompagner le champ des remaniements de la famille.

Au terme de ce parcours, nous avons le sentiment de travailler dans « un entre deux » réfléchi, un espace-temps entre l'avant et l'après où tout peut se jouer et se déjouer, où les angoisses de séparation peuvent s'exprimer dans toute leur force. Il paraît aujourd'hui aisé de se séparer, mais n'est-ce pas une illusion ? Sans doute les procédures sont-elles simplifiées, les divorces plus fréquents, les ruptures plus rapides, donnant l'illusion que la page peut être tournée aisément. Mais en contrepartie, notre société invente la coparentalité qui maintient les liens, les portables qui maintiennent en contact permanent, les webcams qui permettent de ne plus quitter son enfant des yeux... De nouvelles angoisses de séparation ne sont-elles pas en train de naître, nécessitant de nouveaux modes de régulation ? Les séparations physiques si aisées semble-t-il, ne s'accompagnent pas toujours des séparations psychiques nécessaires. Le *Libres ensemble* de François de Singly n'est-il pas dans sa version de rupture de la vie commune un « ni sans elle (lui), ni avec elle (lui) », amenant les couples à des séparations larvées, jamais totalement consommées, toujours en souffrance ? C'est de cette souffrance dont sont témoins les médiateurs. C'est souvent d'angoisse de séparation et d'individuation dont il est question, au-delà d'un simple contrat à négocier.

Nous aurions également pu croire que les enfants adolescents, voire les enfants majeurs soient plus distancés lors de la rupture du couple parental. Or, dans les témoignages recueillis il n'en est rien, ce qui interroge là encore les mécanismes de séparation-individuation. Nous nous demandons, mais ceci n'est qu'une interrogation, si le modèle de la coparentalité ne génère pas un cortège de nouveaux symptômes chez certains enfants, comme si la séparation manquait de signes de concrétisation permettant à l'enfant de se situer. Certains enfants semblent perdus dans cette mise en scène de la famille séparée-maintenue ; ils rêvent d'autant plus à une réunification du couple que celui-ci ne leur apparaît pas conflictuel et donc non viable. Les médiateurs ont encore à réfléchir sur cette dimension de leur intervention, sur les effets à long terme de l'organisation quotidienne qu'ils contribuent à « valider » à un moment donné.

Tout ce que nous découvrons dans l'espace de la médiation nous incite à revenir sur cette question de la séparation que tente de réguler la médiation familiale, bien au-delà de la signature d'un contrat de négociation. La séparation ne peut être considérée comme un processus univoque et de même nature quel que soit l'âge. Dans les médiations familiales, les médiateurs sont confrontés à des adultes qui, en principe, ont les capacités pour élaborer la perte de l'objet. Or, la douleur est bien présente et pour bien des couples la séparation rend l'objet perdu encore plus présent par son absence et fait de cette absence une véritable emprise douloureuse exercée sur le sujet. La séparation physique est souvent insuffisante, l'un des membres du couple restant comme accroché à son ex-conjoint. Roland Barthes l'exprime avec justesse dans ses *Fragments d'un discours amoureux* :

> Je tiens sans fin à l'absent le discours de son absence ; situation en somme inouïe ; l'autre est absent comme référent, présent comme allocutaire. De cette distorsion singulière naît une sorte de présent insoutenable ; je suis coincé entre deux temps, le temps de la référence et le temps de l'allocution... Je sais alors ce qu'est le présent, ce temps difficile : un pur morceau d'angoisse.

Nous posons l'hypothèse que la médiation familiale peut interrompre cette rumination mentale avec l'absent, ce monologue intérieur stérile et pathogène, qu'elle s'inscrit dans cet entre-deux du temps de la référence et de l'allocution pour dépasser ce présent angoissant et ouvrir sur l'avenir. Pour ne plus souffrir, il faut chasser de soi cet absent trop présent, se séparer de lui ou le tuer en somme une seconde fois, dans l'imaginaire.

Ce travail solitaire peut être étayé par une autre porte d'entrée, celle de la médiation familiale. Chaque séance inscrit la séparation non seulement dans l'imaginaire, mais aussi dans le réel. Le travail de séparation est à l'œuvre dans les séances où chacun repart de son côté, dans la division des biens, dans l'aménagement d'un quotidien non partagé. Dans la séparation des couples, il n'est pas possible de faire le deuil de l'autre comme on le ferait si celui-ci était décédé. On ne renonce pas de la même façon à un vivant et à un mort. La possibilité de revoir l'absent reste théoriquement ouverte. Même si la séparation est posée comme définitive, la survie de l'objet fait qu'elle est réversible dans l'imaginaire. Le vivant séparé de soi peut toujours entrer dans une autre relation d'amour et c'est souvent insupportable comme perspective. Certains témoignages recueillis post-médiation y ont fait allusion. Même à distance de la séparation, la jalousie n'est pas exclue et chacun cherche à s'en protéger comme les femmes rencontrées qui nous ont dit ne pas vouloir savoir si leur mari avait une autre relation. On n'est pas jaloux d'un mort, mais on l'est d'un vivant qui a « refait sa vie ». Le terme « refaire » n'est pas anodin, car il vient gommer le passé alors qu'on pourrait dire « continuer sa vie ». Presque tous les synonymes du terme « refaire » sont dans le registre de la duperie ; c'est dire combien ce terme est violent pour celui qui l'entend en étant du mauvais côté de la trajectoire. Celui qui ne refait pas sa vie est obligatoirement « défait, dégradé, démoli, endommagé, fatigué » (antonymes de refaire). « Refaire » dans le dictionnaire des synonymes est associé à : abuser, arranger, baiser, berner, bricoler, carotter, dérober, duper, empiler, flouer, gruger, jouer, mystifier, pigeonner, rebâtir, récidiver, recommencer, recomposer, réconforter, reconstituer, reconstruire… 61 synonymes disent la richesse de ce terme « refaire », mais dans « refaire sa vie » il y a aussi le risque de simplement reproduire, récidiver, réitérer les mêmes erreurs. Face à une personne aimée et décédée, l'idéalisation est souvent une étape avant de tenter l'oubli. Dans la séparation des couples, le processus n'est pas le même, il est inversé. Il va falloir dé-idéaliser le conjoint, affronter la séparation vécue comme un abandon. Nous avons noté comment certaines femmes trouvaient des stratégies de protection d'elles-mêmes en se soignant davantage, en prenant soin de leur façon de s'habiller, en s'octroyant des loisirs et donc des temps d'absence du domicile familial. Ces stratégies peuvent être lues comme des stratégies narcissiques, mais aussi décodées comme une ultime tentative pour ramener à soi l'être aimé. Comment renverser la situation en faisant éprouver à l'absent par rétorsion ou par envie l'absence de soi ? Tous ces mouvements lents de la séparation, la médiation familiale les contient en partie ou les accompagne. Le médiateur est le témoin des souvenirs, des représentations et des attentes, dont le couple devra se séparer, aux prix de mille petits combats, de mille petites mises à mort.

Ce n'est qu'ensuite que pourra se construire un futur et que la négociation entrera dans sa phase constructive. Il n'est dès lors pas étonnant que certains de nos témoins aient parlé de « renaissance » dans la mesure où la perte de l'autre est aussi une perte d'une partie de soi, un état de soi dont l'autre était le témoin. Les personnes rencontrées nous ont dit avoir changé. Ceci est sans doute vrai pour chacune des parties à la médiation familiale, que ces parties soient des adultes ou des enfants. La séparation est liée à l'individualisation du sujet. La séparation dans le couple n'est qu'un moment d'acmé de ce processus. La médiation familiale n'est donc pas réductible à un partage des objets, des temps, des enfants qui pourraient être instrumentalisés dans cette procédure. Elle est plus que cela, même si elle comporte des limites. Elle n'est pas une thérapie au sens dogmatique du terme. Elle est limitée dans le temps et dans les objectifs, ce qui ne l'empêche pas d'avoir des effets thérapeutiques parfois. C'est à partir de ce constat que certains ont pu faire des jeux de mots et rapprocher le terme de médiation de médication. Pour nous, il convient surtout de rappeler que le médiateur est celui qui vient dans un premier temps calmer le jeu.

Dans un second temps, un certain apaisement étant trouvé, la raison peut reprendre le dessus et la réflexion s'organiser sur des axes plus concrets. Pour penser aux enfants, le couple doit se décentrer de ses propres soucis, abandonner cet ultime sujet de litige, l'enfant, qui en masquait bien d'autres. L'empathie vis-à-vis de ce dernier n'est pas si spontanée qu'il y paraît. Chaque parent prête à l'enfant ses propres sentiments, ses propres craintes, ses propres aversions. C'est sans doute du côté de la non-instrumentalisation de l'enfant que peut se situer la médiation familiale, mais à la condition de se dégager elle-même d'un modèle idéal de parents séparés. La survie du couple parental ne veut pas dire obligatoirement de faire ensemble, de diner ensemble, de maintenir l'illusion d'une entente complice. Chaque couple aura à trouver un *modus vivendi* qui ne soit ni destructeur, ni de nouveau dépendant. C'est dans cette recherche personnalisée que le médiateur joue le rôle d'accompagnateur en contenant les émotions et les passions. Nous disions de Janus, au début de ce livre, qu'il est un semeur, un passeur, un ouvreur de portes. C'est en ces termes que nous le dessinons, comme celui qui tente de sortir des voies sans issues. Cela suppose une bonne dose d'optimisme.

Janus aux deux visages, l'un tourné vers le passé et l'autre vers le futur, nous a accompagnés tout au long de ce livre. À Rome, son temple principal avait la particularité d'avoir les portes ouvertes en temps de guerre et fermées en temps de paix. Nous les avons ouvertes pour parler de la guerre des couples, de leurs luttes amoureuses et fratricides, des conflits de famille. Il est temps de refermer ces portes, signe de la paix retrouvée pour certains d'entre eux.

Bibliographie

Alter, N. (2000), *L'innovation ordinaire*. Paris, Puf, coll. « Quadrige », 278 p.

Barre, C. (2003), Insee première, n° 901, juin 2003. Division enquêtes et études démographiques.

Barthes, R. (1977), *Fragments d'un discours amoureux*, Paris, Seuil.

Bazin, H. (1977), *Ce que je crois*, Livre de poche.

Bellenger, L. (1994), *Stratégies et tactiques de négociation*, Paris, ESF éditeur, 120 p.

Benoiton, L. (2002), *La médiation familiale*, DEA de théorie juridique, université d'Aix-Marseille 3, 122 p.

Berger, M. (1997), *L'enfant et la souffrance de la séparation. Divorce, adoption, placement*, Paris, Dunod, 176 p.

Bourdieu, P. (1982), *Ce que parler veut dire. L'économie des échanges linguistiques*, Paris, Fayard.

Bourguignon, O. (2000), « La dimension fraternelle », *Le journal des psychologues*, n° 183, p. 22. Corneille : *Horace*.

CAF (2006), Note de synthèse, dossier d'étude n° 82, « Évaluation des services de médiation familiale en gestion directe des CAF, premiers résultats de l'enquête auprès des bénéficiaires », Texte ronéoté, 20 p.

ChauviÈre, M. (2002) « De la famille à la parentalité. Simple ajustement ou redéfinition normative ? », *La parentalité en questions. Problématiques et pratiques professionnelles*. (sous la dir. de Bernard Vossier), ANDESI, ESF, 214 p.

David-Jougneau, M. (2004), « La médiation familiale, un art de la dialectique », *Médiation familiale, regards croisés et perspectives*, Erès, 272 p.

De Singly, F. (1996), *Le Soi, le couple et la famille*, Paris, Nathan.

De Singly, F. (2000), *Libres ensemble. L'individualisme dans la vie commune*, Paris, Nathan, 256 p.

Ditchev, S.(2004), « Faites la médiation, pas la guerre ! », *Médiation familiale, regards croisés et perspectives*, Erès.

Drapeau, S.et Samson, C. (1999), « Les enfants de parents séparés, que vivent-ils et qui leur vient en aide ? », *Revue internationale de l'éducation familiale*, volume 3, n° 1 et 2, p. 125-137.

Ducousso-Lacaza, A. (2005), « La médiation familiale, le mythe de l'individu et les liens familiaux », Médiations familiales, quels enjeux ? Revue *Dialogues*, n° 170. 128 p.

Dupont, C. (1994), *La négociation, conduite, théorie, applications*, Paris, Dalloz, 392 p.

Ehrenberg, A. (1998), *La fatigue d'être soi*, Paris, Odile Jacob.

Eme, B. (1990), *La croisée des liens. Des lieux d'accueil nouveaux pour les 0-6 ans*, Éditions Fondation de France, 108 p.

Fablet, D. (2005), *Suppléance familiale et interventions socio-éducatives*, Paris, L'Harmattan, 248 p.

Fergusson, D., Horwood, P., Lynskey, M. (1994), « Parental separation, Adolescent Psychopathology and problem behaviors », *Journal of American Academy of Adolescent, Psychiatry*, n° 33 (8).

Gaulejac (de), V., Taboada Léonetti, I. (1994), *La lutte des place*, Paris, Hommes et perspectives, EPI, 288 p.

Gemme (2005), Vade-mecum du juge aux affaires familiales, prescripteur d'une médiation familiale, Rapport rédigé par Danielle Ganancia et Marc Juston ronéo, 56 p.

Giampino, S.(2002), « Du conjugal au parental, du parental au conjugal », Colloque ANCCEF. P. 5-15.

Giddens, A. (2004), *La transformation de l'identité. Sexualité, amour et érotisme dans les sociétés modernes*, Cahors, Le Rouergue/Chambon.

Goffman, E. (1977-2002), *L'arrangement des sexes*, La Dispute, 116 p.

Goundry, S., Peters, Y., Currie, R. (1998), Rapport sur « La médiation familiale au Canada : ses implications pour l'égalité des femmes. Une étude de la littérature et une analyse des données de quatre programmes de médiation canadiens subventionnés », en collaboration avec l'Association nationale de la femme et du droit (ANFD), 256 p.

Gréchez, J. (2005), « Enjeux et limites de la médiation familiale », Médiations familiales, quels enjeux ? Revue *Dialogue*, n° 170, 128 p.

Guillaume-Hofnung, M. (1995), *La médiation*, « Que sais-je ? ».

Herpin, N., Déchaux, J-H. (2004), « Entraide familiale, indépendance économique et sociabilité », *Économie et statistique*, n° 373, p. 1-30.

Hill, M. S. (1995), « When is a family a family ? Evidence from survey data and implications for family policy », *Journal of family and Economic Issues*, Spring 1995, 16,1, p. 35-63.

Housseaux, F. (2003), « La famille pilier des identités », INSEE première, n° 937, décembre 2003.

Houzel, D. (2000), *Les enjeux de la parentalité*, Erès.

Kaufmann, J-C. (2004), *L'invention de Soi. Une théorie de l'identité*, Paris, Armand Colin, 336 p.

Kellerhals, J., Montandon, C. (1991), *Les stratégies éducatives des familles*, Delachaux et Niestlé.

Lamaire, J. (1979), *Le couple, sa vie, sa mort*, Sciences de l'homme, Payot, Paris.

Le Breton, D. (1998), *Les passions ordinaires, anthropologie des émotions*, Paris, Armand Colin, 224 p.

Lemarchant, C. (1999), *Belles filles*, Presses universitaires de Rennes.

Lemay, M. (2001), *Famille, qu'apportes-tu à l'enfant ?*, Édition Hôpital Sainte Justine, coll. « Parents ».

Levesque, J. (1998), *Méthodologie de la médiation familiale*, Paris, Erès, 192 p.

Lienhard, C. (1989), Note sous TGI de La Rochelle, 17 février 1988 et TGI d'Argentan, 23 juin 1988, Dalloz Sirey, p. 418.

Barrère-Maurisson, Buffier-Morel et Rivier S.(2001), « Partage des temps et des tâches dans les ménages», *Cahier Travail et Emploi*, Paris, La Documentation française.

Martin, C. (1993), « Transitions familiales : le lien familial à l'épreuve de la désunion », *Cahiers de la puériculture*, p. 122.

Martin, C. (1994-2002), Les médiations familiales : structures, modèles d'intervention, publics et rapports au judiciaire. Justice pour tous ou justice communautariste ?, Rapport pour le service de la recherche du ministère de la Justice

Mehl, D. (2003), *La bonne parole, quand les psy plaident dans les médias*, Cahors, La Martinière, 398 p.

Montandon, C. (1997), *L'éducation du point de vue des enfants*, L'Harmattan, Paris, 256 p.

Moore, C-W. (1986), *The mediation process, Practical strategies for resolving conflict*, Jossey-Bass Publishers.

Moreau, B. (2001), « Médiation et équité », *Revue de jurisprudence commerciale*, n° 6, p. 148.

Muxel, A. (1996), *Individu et mémoire familiale*. Nathan, coll. « Essais et recherches ».

Nobécourt, M.-M. (1999), « La psychanalyse dans l'édition », *Où en est la psychanalyse ?* de Claude Boukobza (dir.), Paris, Erès.

Paugam, S.(1991), *La disqualification sociale, essai sur la nouvelle pauvreté*, Paris, PUF, 256 p.

Poussin, G., Martin-Lebrun, E. (1997), *Les enfants du divorce. Psychologie de la séparation parentale*, Dunod. 232 p.

Prigent, Y. (1998), *Vivre la séparation*, Paris, Desclée de Brouwer, 144 p.

Racine, J.-B. (2001), « Les modes alternatifs de résolution des conflits », Centre de recherche en droit économique, rapport ronéo, 216 p.

Rouland, N. (1991), *Aux confins du droit*, Paris, Odile Jacob, 318 p.

Schneider, M. (2002), Big Mother, Odile Jacob, 316 p.

Schopenhauer, A, *Parerga et paralipomea*, Éditions Coda.

Segalen, M. (1999), « Les grands-parents et les crises familiales », Colloque les solidarités entre les générations, le rôle des grands-parents, Cnav, 32 p.

Sennett, R. (1979), *Les tyrannies de l'intimité*, Seuil. 288 p.

Simon, Y. (1991), *La dérive des sentiments*, Paris, Grasset.

Six, J.-F. (1990), *Le temps des médiateurs*, Seuil.

Sparrow, J. (2000), « Processus de parentalité : parenter le bébé imaginaire », *Fonctions maternelle et paternelle*, sous la dir. de Georges Greiner, Erès.

Stimec, A. (2004), De la négociation à la médiation : jalons conceptuels et historiques. Texte en ligne.

Théry, I. (2004), in *Médiation familiale, regards croisés et perspectives*, Erès, 272 p.

Tisseron, S.(2001), *L'intimité surexposée*, Paris, Hachette Pluriel, 180 p.

Pontier, J.-M. (1992), « Le médiateur du cinéma », *Revue administrative*, janvier-février, p. 9-17.

Van Dieren, B. (1994), « L'intérêt de l'enfant, alibi, piège ou nécessité », Colloque de Bruxelles sur la médiation familiale.

Van Gijseghe, H. (2005), « Reconnaître l'existence de l'aliénation parentale », *Le lien social*, n° 739, 3 février 2005.

Viaux, J.-L., Paillette, A. (2005), « Médiations et réalités : analyse d'une année de médiation dans une association », Médiations familiales, quels enjeux ? Revue *Dialogue*, n° 170, 128 p.

Viorst, J. (1988), *Les renoncements nécessaires*, Paris. Robert Laffont, 400 p.

Wallerstein, J., Kelly, J. (1989), *Pour dépasser la crise du divorce*, Toulouse, Privat.

Notes et références bibliographiques

Chapitre 1

1. Psychothérapeutes 18 % ; Internet 16 % ; travailleurs sociaux 14 % ; mairies et administrations 13 % ; bouche à oreille 12 % ; pages jaunes 11 % ; tribunal et avocats 7 % ; CAF 4 % ; écoles 3 % ; médecins 2 %, ADSEA 3 % ; DRH 1 %.
2. Rouland Norbert (1991), *Aux confins du droit*. Paris, Odile Jacob. 318 p.
3. On peut consulter le site de l'ABA à l'adresse www.abanet.org/dispute/dispute.html
4. Goundry S., Peters Y., Currie R., (1998), Rapport sur « La médiation familiale au Canada : ses implications pour l'égalité des femmes. Une étude de la littérature et une analyse des données de quatre programmes de médiation canadiens subventionnés ». En collaboration avec l'Association nationale de la femme et du droit (ANFD), 256 p.
5. Schneider M, (2002). *Big Mother*, Odile Jacob, 312 p.
6. Loi n° 73-6 du 3 janvier 1973, modifiée par la loi du 24 décembre 1976 et par la loi du 6 février 1992.
7. *Cf.* l'analyse de Jean-Marie Pontier, « Le médiateur du cinéma », *La revue administrative*, janvier-février 1992, pp. 9-17.
8. *Cf.* infra sur la loi du 8 février 1995, applicable en matière familiale, p. 40.
9. Étude sur les jugements rendus en octobre 2003 : « La résidence en alternance des enfants de parents séparés », Études et statistiques, Justice, n° 23, mars 2003.
10. Six J.-F., (1990), *Le temps des médiateurs*, Seuil.
11. Guillaume-Hofnung M., (1995), *La médiation*, « Que sais-je ? ».
12. Levesque J. (1998), *Méthodologie de la médiation familiale*, Paris, Erès, 192 p.

Chapitre 2

1. Le Breton David. (1998), *Les passions ordinaires, anthropologie des émotions*, Paris, Armand Colin, 224 p.
2. Sennett R. (1979), *Les tyrannies de l'intimité*, Seuil. 288 p.

3. Giddens Anthony (2004), *La transformation de l'identité. Sexualité, amour et érotisme dans les sociétés modernes*, Cahors, Le Rouergue/Chambon.

4. Mehl D. (2003), *La bonne parole, quand les psys plaident dans les médias*, Cahors, éditions de La Martinière, 398 p.

5. Nobécourt M-M. (1999), « La psychanalyse dans l'édition », *Où en est la psychanalyse ?*, Claude Boukobza (dir.), Paris, Erès.

6. Tisseron S.(2001), *L'intimité surexposée*, Paris, Hachette Pluriel, 180 p.

7. De Singly F. (1996), *Le Soi, le couple et la famille*, Paris, Nathan, 256 p.

8. Ehrenberg A (1998), *La fatigue d'être soi*, Paris, Odile Jacob.

9. Kaufmann J.-C. (2004), *L'invention de Soi. Une théorie de l'identité*, Paris, Armand Colin, 352 p.

10. Âge des membres de la famille au moment de la médiation : Michelle a 49 ans, Florian 58 ans, Antoine 30 ans, Fanny 34 ans, Alain 11 ans, Chloé 21 ans, Jeanne 28 ans (sa fille Julie 4 ans), Norbert 30 ans.

11. Singly (de) F. (2000), *Libres ensemble. L'individualisme dans la vie commune*, Nathan, 256 p.

12. Schopenhauer A., *Parerga et paralipomea*, Éditions Coda.

13. Corneille : *Horace*

14. Barre C. (2003), Insee première n° 901, juin 2003. Division enquêtes et études démographiques.

15. Les « demi » frères ou sœurs ont un même père ou une même mère ; les « quasi » frères et sœurs ne partagent aucun lien biologique, mais la « recomposition » familiale de leurs parents.

16. Bourguignon O. (2000), « La dimension fraternelle », *Le journal des psychologues*, n° 183, p. 22.

17. CERLIS, Paris V-CNRS.

18. Bazin H. (1977), *Ce que je crois* Grasset.

19. Gaulejac (de) V, Taboada Léonetti I. (1994), *La lutte des place*, Paris, Hommes et perspectives EPI, 288 p.

20. TGI Argentan 23 juin 1988, TGI La Rochelle 17 février 1988, Dalloz/Sirey, 1989, p. 411, note Claude Lienhard.

21. CA Paris, 17 décembre 1987, Gaz. Pal. 1988, 1, p. 206 ; TGI Paris 16 novembre 1988, Gaz. Pal. 1989, 2, p. 790 ; CA Paris, 6 juin 1989, Gaz. Pal., 1989, 2, p. 618.

22. Segalen M., « Les grands-parents et les crises familiales », in colloque Les solidarités entre les générations, le rôle des grands-parents, Cnav, 1999, 32 p.

23. Herpin N., Déchaux J-H. (2004), « Entraide familiale, indépendance économique et sociabilité », in *Économie et statistique*, n° 373, p 1-30.

24. Benoiton L. (2002), La médiation familiale. DEA de théorie juridique, université d'Aix-Marseille 3, 124 p.

25. Giampino S.(2002), « Du conjugal au parental, du parental au conjugal », *in* colloque ANCCEF. p 5-15.

26. Ducousso-Lacaze A. (2005), « La médiation familiale, le mythe de l'individu et les liens familiaux » *in* Médiations familiales, quels enjeux ?, Revue *Dialogues*, n° 170. 128 p.

Chapitre 3

1. Lienhard C., Note sous TGI de La Rochelle, 17 février 1988 et TGI d'Argentan, 23 juin 1988, Dalloz Sirey, 1989, p. 418.

2. Lemay M. (2 001), *Famille, qu'apportes-tu à l'enfant ?*, Édition Hôpital Sainte Justine, coll. « Parents ».

3. Hill M. S. (1995), « When is a family a family ? Evidence from survey data and implications for family policy », *Journal of family and Economic Issues*, Spring, 16,1, p. 35-63

4. Muxel A. (1996), *Individu et mémoire familiale*, Nathan, coll. « Essais et recherches ».

5. Martin C. (1994-2002), Les médiations familiales : structures, modèles d'intervention, publics et rapports au judiciaire. Justice pour tous ou justice communautariste ? Rapport pour le service de la recherche du ministère de la Justice

6. Voir à ce sujet le texte de Sparrow J. (2000), « Processus de parentalité : parenter le bébé imaginaire », *Fonctions maternelle et paternelle* (sous la direction de Georges Greiner), Erès.

7. L'article dispose : « Afin de prévenir ou de résoudre les conflits, et d'éviter des procédures intéressant les enfants devant une autorité judiciaire, les parties [à la présente Convention] encouragent la mise en œuvre de la médiation ou de toute autre méthode de résolution des conflits et leur utilisation pour conclure un accord, dans les cas appropriés déterminés par les parties ».

Chapitre 5

1. Cité par Bertrand Moreau, « Médiation et équité », juin 2001, n° 6, p. 149.

Table des matières

Imprimé en France par Dumas-Titoulet Imprimeurs à Saint-Étienne
N° d'édition : 004580-01 - N° d'imprimeur : 45945
Dépôt légal : septembre 2007